CONCOURS

MONITEUR ÉDUCATEUR

Annales corrigées

Épreuves écrite et orale

Chez le même éditeur

Dans la collection « Méga-guide »

Méga-guide Concours sociaux, par O. Perche, A.-E. Lebourdais. 2011, 480 pages.

Dans la collection « Le Tout-en-un »

Concours sociaux Épreuves écrites, par O. Perche. 2010, 336 pages.

Concours sociaux Épreuves orales, par O. Perche, A.-E. Lebourdais. 2009, 144 pages.

Concours d'entrée Éducateur de la PJJ. Protection judiciaire de la jeunesse, par P. Refalo, R. Remondière, N. Frazier-Bouzouaoui. 2009, 248 pages.

Actualité et culture générale pour les concours sociaux, par O. Perche. 2008, 240 pages.

Dans la collection « Annales corrigées »

Annales corrigées Concours Assistant de service social, Éducateur (ES et EJE) – Épreuves écrites, par O. Perche. 2011, 208 pages.

Annales corrigées Concours Aide médico-psychologique, par O. Perche. 2010, 120 pages.

Dans la collection « Entraînement »

Entraînement Concours sociaux Épreuves écrites, par O. Perche. 2011, 180 pages.

Entraînement Concours sociaux Épreuves orales, par O. Perche. 2011, 136 pages.

Entraînement Flash Concours sociaux Épreuve de résumé de texte, par F. Rouard, B. Peluau. 2011, 104 pages.

Entraînement QCM Culture générale pour les concours sociaux – 500 QCM et questions courtes, par O. Perche. 2009, 144 pages.

Dans la collection « Mémo-fiches »

Mémo-fiches Concours sociaux Épreuves écrites, par O. Perche, A.-E. Lebourdais, C. Lemaître. 2009, 176 pages.

Hors-collection

Dico-fiches des termes sociaux et sanitaires. Concours sociaux, concours infirmier, par M.-C. Denoyer. 2007, 352 pages.

CONCOURS

MONITEUR ÉDUCATEUR

Annales corrigées

Épreuves écrite et orale

Marie-Henriette Bru
Professeur certifié de lettres classiques

Olivier Perche
Enseignant à l'Institut régional sport et santé (IRSS), Rennes

ELSEVIER
MASSON

ISBN : 978-2-294-71592-6
Elsevier Masson SAS, 62, rue Camille-Desmoulins,
92442 Issy-les-Moulineaux cedex
www.elsevier-masson.fr

SOMMAIRE

PARTIE 2. Épreuve orale

Introduction

L'ADMISSION

Niveau requis	Sélectivité	Coût des études
Aucun diplôme requis	Élevée : 15 candidats pour 1 place	De 400 € à 1 300 €

Les conditions d'inscription

Aucun diplôme n'est exigé. Pour accéder à la formation, les candidats doivent être âgés de 17 ans minimum à la date d'entrée en formation et avoir satisfait aux épreuves du concours d'entrée.

Le concours

Le concours d'entrée en école de moniteurs-éducateurs comprend deux épreuves.

L'épreuve écrite

L'épreuve d'admissibilité est une épreuve écrite destinée à apprécier le niveau de formation personnelle du candidat. Elle varie d'une école à l'autre et peut prendre les formes suivantes :

- un résumé, suivi la plupart du temps d'une discussion,
- des questions ouvertes, dont les réponses sont à rédiger,
- des questions courtes de diverses formes : QCM (questionnaire à choix multiple), QROC (questions à réponses ouvertes courtes),
- une étude de texte (commentaire, réflexion),
- une dissertation.

Elle est notée sur 20.

Sont dispensés de l'épreuve écrite d'admissibilité les candidats titulaires :

- d'un diplôme, certificat ou titre homologué ou inscrit au répertoire national des certifications professionnelles au moins au niveau IV ;
- du baccalauréat ou d'un titre admis en équivalence ;
- du diplôme d'État de technicien de l'intervention sociale et familiale ;
- du BEATEP spécialité activité sociale et vie locale ou BPJEPS animation sociale ;

- du diplôme d'État d'auxiliaire de vie sociale ou mention complémentaire aide à domicile;
- du diplôme d'État d'assistant familial;
- du diplôme d'État d'aide médico-psychologique.

L'épreuve orale

L'épreuve orale d'admission, notée elle aussi sur 20, consiste en un entretien individuel et/ou collectif (débat de groupe ou réalisation collective). Elle est destinée à évaluer les motivations, la maturité, la capacité d'expression, le contrôle de soi et l'aptitude au travail en équipe du candidat.

LA FORMATION

Le contenu

Le diplôme d'État de moniteur-éducateur (niveau IV) se prépare en 2 ans. Depuis la réforme de 2007, la formation comprend 950 heures d'enseignements théoriques répartis en 4 domaines de formation (DF) et 980 heures de stage (28 semaines).

- DF1 : accompagnement social et éducatif spécialisé – 400 h
- DF2 : participation à l'élaboration et à la conduite du projet éducatif spécialisé – 300 h
- DF3 : travail en équipe pluriprofessionnelle – 125 h
- DF4 : implication dans les dynamiques institutionnelles – 125 h

Les stages doivent permettre à l'étudiant de découvrir des modalités de travail et des publics différents. L'un des stages s'effectue obligatoirement dans un établissement proposant un accueil en internat aux usagers.

Le candidat au diplôme d'État de moniteur-éducateur est évalué par un contrôle continu portant sur les domaines de formation 1, 3 et 4 et termine sa formation par un examen qui comprend 4 épreuves (une pour chacun des domaines de formation) :

- la présentation et la soutenance d'une note de réflexion;
- un entretien avec le jury sur le parcours de formation pratique;
- un entretien à partir d'un dossier thématique élaboré par le candidat;
- une épreuve écrite sur les dynamiques institutionnelles.

Chaque domaine est validé séparément sans possibilité de compensation, il faut donc valider les 4 domaines de formation pour obtenir le diplôme.

L'évolution de carrière

Elle est déterminée soit par des textes réglementaires pour les salariés qui travaillent dans le secteur public, soit par des conventions collectives pour ceux qui relèvent du secteur privé. Les moniteurs-éducateurs qui souhaitent entamer une autre formation du secteur social peuvent bénéficier d'allègements de formation importants. Par exemple, un allégement de 950 heures est prévu pour la formation d'éducateur spécialisé.

LE MÉTIER DE MONITEUR-ÉDUCATEUR

Deux professions en une

Ce métier exercé par 18 000 personnes (dont deux tiers de femmes) est né dans les années trente. À l'époque, il s'agissait surtout d'une profession visant à l'éducation surveillée puis elle a pris de l'ampleur dans les maisons d'enfants et d'adolescents à caractère sanitaire et social. Aujourd'hui, grâce à la création et au développement des éducateurs spécialisés, les fonctions de moniteur et d'éducateur ont été rassemblées sous le titre d'une unique profession. Le moniteur-éducateur exerce sa fonction auprès d'enfants, d'adolescents ou d'adultes inadaptés, handicapés ou en situation de dépendance. À travers un accompagnement particulier, le moniteur-éducateur aide, au quotidien, ces personnes pour instaurer, restaurer ou préserver leur adaptation sociale et leur autonomie. Il participe à l'action éducative, à l'animation et à l'organisation de leur vie en liaison avec les autres professionnels de l'éducation spécialisée.

Les qualités requises

Ce métier demande un grand intérêt pour les problèmes humains et sociaux. Le sens de l'organisation et de l'animation des groupes est indispensable. Il faut savoir travailler en équipe. Autre aptitude nécessaire : la disponibilité assortie du désir de s'investir personnellement. Travailler au quotidien avec des personnes en difficulté demande également d'être en mesure de supporter psychologiquement et nerveusement la détresse d'autrui.

Les conditions d'exercice

La quasi-totalité des moniteurs-éducateurs est employée dans le secteur associatif. Ils exercent surtout leur activité dans les établissements et services tels que les internats, foyers, externats, centres d'aide par le travail, maisons d'accueil spécialisées, instituts médico-éducatif... Leur salaire varie en fonction de leur lieu d'activité et de leur ancienneté. Ils débutent entre 1 200 € et 1 400 € par mois et finissent entre 2 000 € et 2 300 € par mois.

LES ÉCOLES

ALSACE

Association régionale d'Alsace des formations au travail d'éducatif et social

12, rue Jean-Monnet

67300 Schiltigheim

Tél. 03 88 18 61 31

AQUITAINE

Association de formation en milieu rural

Etcharry

64120 Saint-Palais

Tél. 05 59 65 72 82

CEF PRO sanitaire et sociale en cours d'emploi

Place Louis-de-la-Bardonnie

ERTS-CREAI Centre

2032, rue du Général-de-Gaulle - BP 125

45161 Olivet cedex

Tél. 02 38 69 17 45

Institut du travail social

17, rue Groison

BP 7554

37022 Tours cedex 2

Tél. 02 47 62 33 33

CHAMPAGNE-ARDENNE

IRTS de Champagne-Ardenne

8, rue Joliot-Curie

51100 Reims
Tél. 03 26 06 22 88

FRANCHE-COMTÉ
IRTS de Franche- Comté
4 bis, rue Léonard- de-Vinci - BP 2107 25051 Besançon cedex
Tél. 03 81 41 61 00

ÎLE-DE-FRANCE

Centre de formation aux professions éducatives et sociales
62, avenue de la République
93300 Aubervillers
Tél. 01 48 11 27 90

Buc Ressources
1 bis, rue Louis-Massotte
78530 Buc
Tél. 01 39 20 19 94

Institut de travail social et de recherches sociales
1, rue du 11 novembre
92120 Montrouge
Tél. 01 40 92 01 02

IRFASE
25, Desserte de la Butte Creuse
91025 Évry
Tél. 01 60 79 47 47

IFRAMES
Le Campus
10, rue Darwin
49045 Angers cedex 1
Tél. 02 41 22 14 70

PICARDIE
Institut régional de formation aux fonctions éducatives
12, rue des Deux Ponts
80000 Amiens cedex
Tél. 03 22 66 33 99

Institut régional de formation aux fonctions éducatives
Unité pédagogique de Beauvais
52, boulevard Saint- André
60000 Beauvais

POITOU-CHARENTES
Institut régional du travail social
1, rue Guynemer
BP 215
86005 Poitiers
Tél. 05 49 37 60 00

PACA
Institut départemental de formation et d'animation sociale
6, avenue de Toulon
83400 Hyères
Tél. 04 94 00 28 41
24100 Bergerac cedex
Tél. 05 53 22 23 00

IRTS d'Aquitaine
9, avenue François-Rabelais - BP 39
33400 Talence cedex
Tél. 05 56 84 20 20

Institut du travail social
8, cours Léon-Bérard - BP 7528
64075 Pau cedex
Tél. 05 59 84 93 93

Institut du travail social-Centre de formation Les Hêtres
2, avenue Henry-Russel
64000 Pau
Tél. 05 59 02 37 37

IRTS Paris
Antenne Seine-Marne
32, rue Rosa-Bonheur
La Rochette
77000 Melun
Tél. 01 64 10 41 80

IRTS Paris Parmentier
145 bis, avenue Parmetier
75010 Paris
Tél. 01 42 03 08 31

Institut supérieur d'intervention sociale
150, avenue Paul-Vaillant-Couturier
BP 35
93331 Neuilly-sur- Marne cedex
Tél. 01 49 44 67 10

Lycée Pierre-Brossolette
Formation ME 3
et 5, rue Pierre-Brossolette
94270 Le Kremlin-Bicêtre
Tél. 01 46 58 36 76

LANGUEDOC-ROUSSILLON
Institut de formation aux métiers éducatifs
23, rue de Sauve
30900 Nîmes
Tél. 04 66 68 99 60

Centre de formation CEMEA
195, avenue Grassion-Cibrand
34280 Carnon
Tél. 04 67 50 46 00

Centre polyvalent de formation professionnelle
La Rouatière
11409 Castelnaudary cedex
Tél. 04 68 60 03 61

École de travail éducatif et social
17, avenue Théophile-Roussel
48100 Marvejols
Tél. 04 66 32 27 78

Institut d'enseignement supérieur de travail social
8, rue Urbain-Bosio
06300 Nice
Tél. 04 93 89 29 49

Institut méditerranéen de formation et de recherche en travail social
16, rue Ferdinand-Rey - BP 54
13244 Marseille cedex 1
Tél. 04 91 24 61 10

RHÔNE-ALPES
Centre de formation Henri-Durand
ADEA 12, rue du Peloux
01000 Bourg-en-Bresse
Tél. 04 74 32 77 32

Institut de formation de travailleurs sociaux
3, avenue Victor-

Hugo - BP 165
38432 Échirolles
cedex
Tél. 04 76 09 02 08

Institut régional et européen de métiers de l'intervention sociale
145, rue
de la Chavanne
73490 La Ravoire
Tél. 04 79 72 95 70

AUVERGNE
Unité de formation de travailleurs sociaux
113, rue Antoine-Fabre - BP 25
63270 Vic-le-Comte
Tél. 04 73 69 16 06

BOURGOGNE
Institut régional supérieur du travail éducatif et social
2, rue du Professeur-Marion 21000 Dijon
Tél. 03 80 72 64 50

BRETAGNE
AFPE - Centre Emmanuel-Mounier
Rue de Maupertuis

LIMOUSIN
Institut régional de formation d'éducateurs
Rue de Buisson
87170 Isle
Tél. 05 55 01 40 52

LORRAINE
IRTS de Lorraine
Site de Metz
41, avenue de la Liberté
Le Ban Saint-Martin
57025 Metz cedex 2
Tél. 03 87 31 68 00

IRTS de Lorraine
Site de Nancy
1, avenue Raymond-Pinchard
54100 Nancy
Tél. 03 83 93 36 36

MIDI-PYRÉNEES
Centre régional de formation aux métiers de l'éducation et de l'animation - CEMEA
29 bis, chemin de la Garonne
31100 Toulouse
Tél. 05 61 19 27 60

IFRASS
2 bis, rue Émile-Pelletier
31047 Toulouse cedex 1
Tél. 05 34 63 89 00

NORD-PAS-DE-CALAIS
Centre de formation et de recherche en travail éducatif et social
5, rue Paul-Perrin
BP 225
62000 Arras
Tél. 03 21 60 40 00

Intervention formation action recherche
22, rue Halévy

Institut Saint-Laurent
41, rue du Chancelier
69130 Écully
Tél. 04 78 33 46 20

Institut régional et européen des métiers de l'intervention sociale
42, rue de la Tour
de Varan - BP 200
42704 Firminy cedex
Tél. 04 77 10 13 70

Lycée professionnel Notre-Dame
26, avenue du Vanel
07000 Privas

Institut régional et européen des métiers de l'intervention sociale
41, avenue de la Plaine
74000 Annecy

Lycée professionnel privé Saint-Vincent
Place de l'Égalité
42400 Saint-Chamond
Tél. 04 77 22 08 14

ANTILLES-GUADELOUPE
Institut de formation aux métiers éducatifs sanitaires et sociaux
Baimbridge
Route de Chauvel
97139 Les Abymes
Tél. 05 90 89 15 10
Campus Ker Lann - BP 7452
35174 Bruz cedex
Tél. 02 99 05 06 10
AFPE - Centre Louis-Guilloux
12, rue du Vau Méno - BP 7008
22070 Saint-Brieuc cedex 3
Tél. 02 96 78 86 20

Institut pour le travail éducatif et social
ZAC de Kergaradec
15, rue Gaston- Plant
29850 Gouesnou
Tél. 02 98 02 60 60

CENTRE
École régionale du travail social
59000 Lille
Tél. 03 20 93 70 16

Intervention formation action recherche
Antenne de Maubeuge
2, rue du Gazomètre
59600 Maubeuge
Tél. 03 27 62 87 22

Intervention formation action recherche
Antenne de Saint-Omer
Place du 8 mai 1945
62500 Saint-Omer
Tél. 03 21 12 20 20

IRTS Nord-Pas-de-Calais
Rue Ambroise-Paré - BP 7159373 Loos cedex
Tél. 03 20 62 53 70

IRTS Nord-Pas-de-Calais
Antenne du Littoral
298, boulevard du
8 mai 1945 - BP 115
59942 Dunkerque cedex 2
Tél. 03 28 29 14 64

BASSE-NORMANDIE
IRTS de Basse-

Normandie
11, rue Guyon de Guercheville
14200 Hérouville-Saint-Clair
Tél. 02 31 54 42 80

HAUTE-NORMANDIE
IDS-IRTS de Normandie
Route de Duclair - BP 5
76380 Canteleu
Tél. 02 32 83 25 00

PAYS DE LOIRE
IFRAMES La Classerie
116, rue de la Classerie
44400 Rezé
Tél. 02 40 75 69 94

Centre de formation de travailleurs sociaux
AGFTS
La Rocade, Grand Camp
97139 Les Abymes

ANTILLES-GUYANE
Institut régional de développement du travail social
1, avenue Gustave-Charléry
97340 Cayenne

Institut de formation aux métiers éducatifs sanitaires et sociaux
27, rue du 14 juillet
97300 Cayenne

ANTILLES-MARTINIQUE
Institut de formation aux métiers éducatifs sanitaires et sociaux
Résidence Monplaisir Cluny
23, rue de l'Amitié
97200 Fort-de-France
Tél. 05 96 63 32 27

RÉUNION
Institut régional du travail social de la Réunion
1, rue Sully-Brunet
97470 Saint-Benoît
Tél. 02 62 92 97 77

PARTIE 1

Épreuve écrite

CHAPITRE 1

Comment aborder l'épreuve

Les épreuves écrites ont officiellement pour finalité d'apprécier le « niveau général » du candidat. Cette dénomination assez large sous-entend sa culture générale, ses capacités à comprendre un texte et le synthétiser, à argumenter et à construire une réflexion personnelle autour de questions d'actualité sociale. Les écoles attendent aussi des futurs stagiaires qu'ils sachent rédiger dans un français correct, tant sur le plan de l'orthographe que de la grammaire.

Les épreuves varient d'une école à l'autre, et le candidat qui passe plusieurs concours sera nécessairement amené à plancher sur différents exercices, à tenir compte d'une grande diversité de questions et de consignes. Trois types d'exercices rédactionnels sont utilisés pour cette appréciation de niveau :

- le résumé ;
- l'argumentation (dissertation ou question courte) ;
- la compréhension de texte (texte argumentatif ou commentaire).

Le résumé

Des épreuves de synthèse ont été recensées dans de très nombreuses écoles, mais selon des modalités différentes en fonction des concours et des régions. La longueur des textes peut considérablement varier, de même que le temps imparti pour les reformuler. Les articles ou les extraits d'ouvrage proposés peuvent être longs et porter sur des sujets divers (actualité, politique, sociologie, psychologie...). Il peut être demandé au candidat de les résumer en un nombre de mots donné, mais aussi en un nombre approximatif de lignes, voire en une seule phrase. Toutes les configurations sont possibles. Les candidats doivent acquérir un solide esprit de synthèse pour se sentir à l'aise dans chaque épreuve, quelle qu'en soit la forme.

Les principes du résumé

Le résumé a pour finalité de restituer les grandes idées d'un texte dans une formulation simple et concise. Il vise deux objectifs :

- la capacité du candidat à lire, comprendre et synthétiser un texte ;
- ses facultés d'écriture et de reformulation.

Un résumé doit nécessairement suivre l'ordre des idées qui sont articulées dans le texte et s'interdire toute disposition différente. Les textes qui sont donnés ne sont pas choisis au hasard : les idées qui sont développées ne sont pas seulement juxtaposées, mais surtout combinées suivant une argumentation logique et dynamique. C'est cet ordre qu'il faut retrouver et respecter.

Retrouver le plan du texte est une étape essentielle pour réorganiser un résumé correct.

Le candidat s'attache à réduire le texte suivant des proportions qui sont variables d'un concours à l'autre voire d'une école à l'autre. Cette réduction doit le moins possible appauvrir les idées de l'auteur : les idées phares sont donc à conserver au même titre que les arguments qui servent à les étayer. Les exemples, redites, précisions, et certains commentaires inutiles à l'ossature de l'argumentaire sont en revanche supprimés. Rester fidèle au texte requiert dès lors d'en respecter le sens, c'est-à-dire le comprendre parfaitement, et ne pas extrapoler, autrement dit inventer des idées que l'auteur n'a jamais formulées.

La reformulation est au cœur de la difficulté du résumé. Il s'agit d'exprimer les idées (parfois complexes !) de l'auteur avec le plus de précision et de fidélité possible mais en moins de mots. Il ne faut pas paraphraser, c'est-à-dire trouver quelques synonymes en restituant la même structure syntaxique que l'auteur, mais véritablement énoncer dans son propre langage les idées exprimées : ne résumez jamais des mots mais des idées.

Il est interdit de prendre la distance requise dans l'exécution d'un commentaire : le candidat doit impérativement s'abstenir d'indications telles que « l'auteur déclare que... montre que... ».

Le résumé n'est pas une suite de citations mais un exercice de reformulation. Ceci ne veut pas dire qu'il est interdit de récupérer tout mot du texte. Il vaut mieux reprendre un ou plusieurs mots (surtout s'il s'agit de termes génériques qui renvoient à la thématique du texte, comme par exemple « adolescence », « bioéthique », « environnement » ...) plutôt que de rechercher des synonymes plus ou moins équivalents, voire des périphrases forcément plus longues que le texte d'origine !

Les étapes du résumé

Lecture du texte et de l'énoncé du sujet

Il faut, bien entendu, commencer par lire l'énoncé du sujet : savoir en combien de mots (ou de lignes, de phrases, voire de pages) le texte devra être résumé influencera la manière d'aborder le travail préparatoire à la rédaction. Le candidat sera plus ou moins synthétique en fonction de la consigne.

Lire correctement le texte est une étape essentielle, trop souvent négligée par les candidats angoissés à l'idée de ne pas terminer à temps. Pourtant, une bonne lecture permet d'éviter bien des déconvenues. Cela permet d'abord de cerner le sens global du texte et de répondre à la question simple mais fondamentale : où l'auteur veut-il en venir ? Quelle est sa thèse ? Cela évite ainsi de commettre un contresens général sur le texte et permet de mieux comprendre le « fil rouge », l'idée principale ou directrice, qui articule l'ensemble du propos de l'auteur. Savoir où l'on va évite de rédiger par la suite un résumé décousu.

Plan du texte

Si le texte a été bien compris, il n'est pas nécessaire de le relire en détail. À partir du moment où le candidat a compris la thèse de l'auteur, une seconde lecture en diagonale est souvent suffisante pour retrouver l'articulation des arguments qui permettent d'étayer cette thèse. Il faut, à ce moment, séparer chaque argument en retrouvant le lien logique qui l'introduit.

Attention ! Le plan que vous retrouvez dans le texte ne correspond pas toujours aux paragraphes qui sont découpés : il n'est pas rare qu'un auteur aille à la ligne pour développer un exemple où approfondir une idée. Le plan que vous décidez de retenir correspondra à votre compréhension du texte.

Cette étape, encore une fois, est fondamentale. À son terme, vous devez déjà être capable de résumer tout le texte en deux ou trois phrases. À ce moment, le texte doit commencer à être « apprivoisé » : vous pouvez le récapituler dans les grandes lignes et il ne reste plus qu'à entrer dans le détail pour une reformulation plus précise. Pour un texte très long à résumer en peu de mots, correctement formuler le plan peut s'avérer suffisant.

Reformulation des idées

Après avoir découpé le texte, vous devez reprendre chaque partie segmentée et vous poser, pour chacune, cette question simple mais essentielle : quelles sont les différentes idées contenues dans cette partie ? Vous pouvez alors les lister une à une en commençant à les reformuler. N'essayez pas, à ce moment, de rédiger le résumé !

Formulez une phrase par idée. Cette phrase doit être simple et claire. Peu importe les répétitions et la beauté des enchaînements. Pour le moment, il faut seulement avoir reformulé dans un langage sobre mais précis chaque idée. Il ne faut pas résumer des mots. Vous devez, après avoir correctement lu la partie segmentée, vous détacher du texte pour énoncer dans vos mots les éléments qui vous semblent importants. Vous refaites la même chose pour chaque partie puis vous ajoutez, en les reformulant, les liens logiques qui les articulent.

Prenez déjà la « distance focale » nécessaire : si le texte est à résumer au quart, votre reformulation sera plus précise que si vous devez le résumer à 10 %. Si ce travail a été correctement effectué, vous n'avez plus besoin du texte. Si vous y revenez à la rédaction finale, c'est que cette étape a été bâclée...

Rédaction

Il vous suffit maintenant de relier chaque idée dans des phrases en prenant garde à leur enchaînement et à la fluidité du style. Il convient, en effet, d'éviter le style « haché » qui nuit à la compréhension de l'ensemble.

Vous pouvez normalement directement rédiger sur votre copie. Certains élèves moins entraînés auront intérêt à passer, au début, par une pré-rédaction au brouillon : très vite cependant cette étape ne devra plus être nécessaire. Les candidats ont peu de temps au concours...

L'argumentation

Quel que soit le concours qu'il sera amené à passer, le candidat aura de très grandes chances de devoir plancher sur une épreuve argumentative. Point de passage obligé des écrits, on la retrouve, en effet, quasiment partout. Cette épreuve a pour objectif de tester les capacités de compréhension (d'un énoncé), d'argumentation et de rédaction des candidats. Il leur est, par ailleurs, réclamé une solide culture générale, une connaissance approfondie des grands problèmes sociaux et un bon esprit critique. Une fois n'est pas coutume, les intitulés peuvent prendre des formes diverses selon les écoles. Les temps impartis à la réalisation de cette épreuve varient du simple au double en fonction des concours.

Travail préparatoire aux exercices de discussion

Analyse du sujet

Dans un premier temps, il convient de lire correctement l'énoncé du sujet et d'en souligner les mots clés. L'analyse correcte du sujet conditionne toute la suite du travail ; elle ne doit donc pas être négligée. Pour aller vite, disons qu'il existe deux grands types de sujets :

- Les sujets dialectiques introduits par des questions de type : « pensez-vous que... ? Estimez-vous que... ? » Il s'agit ici de discuter une thèse.
- Les sujets analytiques introduits par des questions de type : « comment... ? Pourquoi... ? Quels sont... ?, etc. » Il s'agit ici d'expliquer des phénomènes ou d'organiser des connaissances.

Dans un second temps, l'objectif est de dégager une problématique pour reformuler dans vos mots l'énoncé. La finalité de cette étape est double :

- se donner une question claire à laquelle votre travail tentera de répondre ;
- montrer à votre correcteur que vous avez parfaitement cerné les enjeux du sujet.

Recherche des éléments de réponses

Après l'analyse des mots-clés, la reformulation et la problématique, le candidat doit avoir dégagé une question suffisamment claire pour commencer à réfléchir sur la réponse.

N'hésitez pas à jeter sur le papier toutes les idées qui vous passent par la tête : ce peut être un mot, un argument, un exemple, le souvenir d'un article, d'une émission, d'un film... Cette étape vous permet d'énumérer tout ce à quoi vous fait penser le sujet ; vous ferez le tri par la suite. Des arguments qui n'ont qu'un rapport *a priori* lointain peuvent très bien s'articuler quand on les organise dans un plan plus vaste.

La recherche des idées angoisse bon nombre de candidats. Ceux-ci se plaignent de n'avoir « rien à dire », de ne pas avoir d'idées, de manquer de culture... Il est vrai que cette étape se prépare en amont, bien avant l'épreuve. Il faut suivre l'actualité, être capable de l'analyser et de porter un regard personnel sur les événements. Il est aussi utile de s'appuyer sur les analyses d'auteurs confirmés (ouvrages universitaires, essais, livres de sociologie, de psychologie, etc.). Les candidats auront, de toute façon, intérêt à se procurer des ouvrages de culture générale.

Après avoir épuisé toutes vos idées, relisez ce que vous avez écrit pour rayer les phrases totalement hors sujet, pour développer les ébauches d'argument et leur adapter les exemples. Ce moment plus « réfléchi » permet souvent de dégager de nouvelles idées sur la question. Quand vous estimez avoir fini, passez à l'organisation.

Organisation de la réponse : le plan

Elle dépend en premier lieu du type de sujet (dialectique ou analytique) demandé. Les idées que vous avez formulées doivent s'organiser dans un plan détaillé. Là encore, trop de candidats angoissés par le temps se contentent d'écrire quelques mots au brouillon pour passer le plus rapidement possible à la rédaction. C'est une erreur ! Détailler son plan jusqu'au bout permet de gagner du temps : vous savez précisément où vous allez et ce que vous avez à dire. Ne reste donc que la manière de le formuler.

Comme nous l'avons déjà dit, on distingue deux grands types de plans.

Les premiers, les **plans analytiques**, répondent à des questions du type « pourquoi ? », « quel est... ? », « comment ? », etc. Ces plans visent plus à faire comprendre qu'à discuter. Cette visée quasi pédagogique (**expliquer**) requiert une grande clarté dans l'organisation et une certaine exhaustivité dans les contenus. Les plans analytiques se déclinent sous plusieurs formes :

- **Plan chronologique** : le travail s'organise selon une progression temporelle (passé, présent, futur).
- **Plan didactique** : il s'agit d'un plan type constat, causes, conséquences et solutions. Les candidats en mal d'inspiration y trouveront de quoi étayer solidement le propos.
- **Plan antithétique** : les plans antithétiques se développent à travers deux parties parfaitement opposées. Il peut s'agir d'une dichotomie type individuel/collectif ou qualitatif/quantitatif, etc. S'ils ont l'avantage de la clarté, ces plans ont aussi le défaut d'être schématiques et parfois simplistes.
- **Plan thématique** : chaque partie explique le problème sous un certain point de vue. Il peut s'agir d'un angle physiologique, historique, social, économique, religieux, etc.

Les **plans dialectiques** sont fondés sur la confrontation de plusieurs thèses. Il s'agit d'un « dialogue » dont l'enjeu consiste à faire ressortir la pensée du candidat. Les plans dialectiques répondent à la question « qu'en pensez-vous ? »

Cette pensée est censée émerger au terme d'une réflexion vigoureuse mais jamais dogmatique. Il faut discuter les idées, non les réfuter sur de simples pétitions de principe. Une organisation type thèse/antithèse/synthèse aura dès lors le mérite de cerner avec toutes les nuances requises les enjeux d'une question.

Cependant, ces plans sont parfois difficiles à structurer, surtout en une ou deux heures. Aussi, la synthèse peut-elle avantageusement faire l'objet d'une conclusion un peu plus étoffée.

Quoi qu'il en soit le travail doit être dynamique. Dans un plan dialectique, votre réflexion ne doit pas s'organiser sur le modèle pour/contre parce que vous ne pouvez pas vous contredire : expliquer que vous êtes favorable à une thèse pour énoncer quelques lignes plus loin que finalement vous y êtes opposé... C'est absurde ! Un plan dialectique est autrement plus subtil.

Prenons un sujet sur le progrès technique. Vous pouvez commencer par expliquer en quoi et pourquoi les innovations ont pu fasciner les hommes durant tout le XXe siècle. Vous pouvez même souscrire à cette vision positive au vu des progrès objectifs réalisés. Cependant, en seconde partie, n'hésitez pas à tempérer les enthousiasmes en énumérant les différents problèmes (environnement, nucléaire, eugénisme...) auxquels notre société est aujourd'hui confrontée. Énoncez combien la notion même de progrès semble vaciller sous le poids des angoisses de nos contemporains. Dans une troisième partie, dites qu'il serait absurde de revenir en arrière en arguant que la technique fait partie de notre vie quotidienne. Elle est de plus fondamentale puisque, grâce à elle, nous avons des loisirs, la santé, le confort... Reste à en maîtriser les effets néfastes : désarmement, législations draconiennes en matière d'environnement, internationalisation des comités de bioéthique... Reste également à en faire profiter les plus démunis de la planète... Bref, dans un travail de ce type, chaque étape de votre plan vous permet d'avancer dans la discussion jusqu'à proposer une réponse nuancée.

La rédaction

Au terme du travail préparatoire, vous pouvez normalement rédiger. Un conseil (rarement suivi par les candidats, malheureusement) : rédigez d'abord votre introduction et votre conclusion. Si votre plan est détaillé correctement, vous devez savoir précisément où vous allez. Vous serez plus serein si votre conclusion se trouve déjà sur un de vos brouillons. Il faut savoir que c'est la dernière chose que lira le correcteur... Trop souvent, par manque de temps ou de courage, les candidats bâclent cette ultime étape de leur travail. Ce n'est guère stratégique.

Pour ce qui concerne le style, restez sobre et clair dans vos formulations : l'écriture est un exercice ardu qui suppose des qualités difficiles à déployer durant le temps trop court d'une épreuve de concours. Utilisez un style plutôt direct et contentez-vous de phrases courtes (une ou deux propositions au maximum).

L'introduction

Elle s'organise en trois étapes du plus général vers le plus particulier :

- amener le sujet ;
- le reformuler pour énoncer la problématique ;
- annoncer son plan.

Cette structure traditionnelle est assez difficile à réussir correctement. Ne cherchez pas les complications, restez simple et n'y passez pas trop de temps. Ce n'est pas votre aptitude à vous conformer avec brio aux règles de l'introduction que l'on juge.

Respectez néanmoins quelques principes :

- évitez de démarrer votre travail par des locutions ou phrases du type « depuis que l'homme est homme », « de tout temps », « l'homme est un loup pour l'homme »... Mieux vaut partir *ex abrupto*, dans le vif du sujet, plutôt que d'énerver le correcteur dès le début avec des banalités... ;
- essayez de poser des questions quand vous annoncez votre plan. Il est, en effet, préférable de ne pas alourdir le propos avec des formulations rebattues du type « nous verrons dans une première partie... ». Si vous éprouvez néanmoins des difficultés à annoncer votre plan, ne cherchez pas les complications : mieux vaut être clair dans un style peu élégant qu'incompréhensible avec une syntaxe inutilement prétentieuse.

Le développement

Comme vous l'avez lu précédemment, votre développement doit être dynamique : le travail « avance » vers la réponse. N'hésitez pas à conclure au terme de chacune de vos parties pour ponctuer votre réflexion et en souligner les étapes. Le correcteur appréciera de comprendre immédiatement la logique de votre travail. Ces « conclusions intermédiaires » peuvent d'ailleurs servir de transitions pour amorcer les parties qui suivent. Aérez votre copie et utilisez une mise en page homogène : allez à la ligne après chaque paragraphe, sautez au moins une ligne entre deux parties.

La conclusion

Comme l'introduction, la conclusion est (normalement) organisée en trois étapes :

- récapituler le développement de la réflexion ;
- répondre clairement à la question posée ;
- ouvrir sur une problématique connexe.

Cette troisième étape doit être maniée avec une infinie précaution. Il arrive que des candidats (souvent à court de temps) ouvrent sur une question... à laquelle ils viennent de répondre ! D'autres s'interrogent sur des thèmes totalement décalés par rapport au sujet qu'ils viennent de traiter. Là encore, mieux vaut s'abstenir plutôt que d'écrire des énormités, surtout qu'il s'agit des derniers mots lus par le correcteur...

La compréhension de texte

Certains établissements invitent les candidats à répondre à des questions portant sur un texte. Ces questions peuvent concerner la forme ou le contenu du document, autrement dit, elles peuvent réclamer une analyse argumentative ou un commentaire.

L'analyse argumentative

Les questions argumentatives sont susceptibles de porter sur des aspects très divers du texte. On peut ainsi demander au candidat de :

- retrouver le plan, l'organisation logique du document ;
- définir un mot, une expression ou une idée dans le contexte ;
- distinguer les éléments argumentatifs (thème et thèse, arguments et exemples, description des faits et jugements...) ;
- spécifier la nature du document (texte informatif, injonctif, narratif, etc.). Quoi qu'il en soit, les réponses doivent être courtes, précises et clairement énoncées. Vous devez justifier vos réponses en utilisant les éléments du texte qui les corroborent.

Le commentaire de texte

Encore une fois, cette dénomination renvoie à des réalités bien différentes selon l'école dans laquelle le candidat se présente. Parfois, l'épreuve consistera à analyser le texte puis à s'en abstraire pour donner son point de vue sur la problématique qu'il développe. Il peut aussi lui être demandé de développer un travail structuré autour des idées contenues dans le texte. Ailleurs, il s'agira de répondre à des questions de compréhension posées sur certains passages du texte. Difficile, dans ces conditions, d'établir une méthodologie qui puisse être utilisée partout de la même manière. Le candidat devra faire preuve d'une grande souplesse d'esprit pour s'adapter aux sujets qui lui seront proposés.

Analyse du texte

Le commentaire requiert d'abord une analyse assez précise des thèmes abordés, des thèses discutées et des arguments développés.

Un examen rapide du « paratexte » (ce qui entoure le corps du texte, autrement dit le titre, les sous-titres, l'auteur, la date de parution, le genre éditorial...) renseigne d'abord sur les caractéristiques de l'écrit à commenter. S'agit-il d'un article ou d'un extrait d'ouvrage ? Le texte est-il récent ou déjà daté ? Quel est le degré de notoriété de l'auteur ?

Le candidat se doit ensuite de comprendre le propos général de l'auteur pour en reformuler les idées essentielles. Une lecture linéaire s'avère nécessaire pour cet exercice. L'analyse consiste dès lors à prolonger les idées dégagées, à mieux les comprendre à travers une série de questions : les arguments sont-ils assumés par l'auteur ? Fait-il de l'ironie ? Quelle est la tonalité du texte ?

Grave ? Léger ? Humoristique ? Polémique ? Didactique ? Sur quelle idéologie ou valeur s'appuient les propos de l'auteur ? Quelles en sont les causes et les conséquences ? Comment peut-on relier ces idées à une problématique actuelle ? etc. Il ne faut pas paraphraser le texte (c'est-à-dire se contenter de répéter ce qu'il formule dans des termes à peu près identiques) mais lui trouver des prolongements intéressants. Il ne faut pas non plus s'en éloigner trop rapidement et risquer une extrapolation ou un hors sujet. Une fois les idées dégagées et « prolongées » (autrement dit « commentées »), le candidat peut passer à l'organisation.

Élaboration de la problématique et du plan

Comme pour la discussion, il est nécessaire d'élaborer une problématique, autrement dit une question permettant d'organiser le commentaire selon un certain axe de lecture. Cette étape n'est pas anodine car elle permet au candidat de ne pas partir en tous sens.

À partir du moment où la question est posée, il suffit de structurer un plan qui y réponde. Cette organisation reprendra en détail les grands enjeux du texte. Il faut inventer un plan original et ne pas récupérer celui du texte pour l'utiliser tel quel dans le commentaire. Cette démarche n'est pas bonne car le candidat aura très vite tendance à paraphraser les idées au lieu de les développer.

Rédaction

Un commentaire se rédige comme une dissertation classique. L'objectif étant de composer un travail structuré pour montrer au correcteur que vous avez compris le texte et ses enjeux.

Dans l'introduction, on commence par citer le document et son auteur avant de formuler le thème du texte, la problématique puis l'annonce du plan. Le développement s'organise comme un travail d'argumentation classique. La conclusion récapitule très succinctement les idées du texte avant de donner des réponses à la problématique. En ce sens, la méthodologie rédactionnelle du commentaire ne diffère guère des principes requis pour la discussion.

CHAPITRE 2

Sujets corrigés

SUJET 1 Aquitaine I (janvier 2011)

Durée : 3 heures

FRANÇAIS (10 POINTS)

Soyez attentif au vocabulaire utilisé et à l'orthographe.

1

Résumez en 10 ou 15 lignes cet extrait de texte. (2,5 POINTS)

2

Expliquez le sens de la phrase qui apparaît en gras dans le texte. (2,5 POINTS)

3

Quelle réflexion personnelle vous inspire l'ensemble de ce texte ? (5 POINTS)

Les clés pour réussir

Être attentif aux présentations ternaires du texte.

Entre autonomie et lien

« Si je ne suis pas pour moi, qui le sera ? Mais si je ne suis que pour moi, qui suis-je ? »

Rabbi Hillel, Talmud de Babylone

Traçons d'abord les contours du piège, car c'en est un. Au sujet du lien – question aussi primordiale que celle de la limite –, les constats que, jour après jour, nous pouvons faire sont au nombre de trois.

Le premier consiste à exalter la conquête enfin parachevée de l'autonomie individuelle.

Absolue. Totale. C'est elle, répétons-nous, qui confère à notre modernité démocratique une supériorité morale sur toutes les civilisations qui l'ont précédée – ou sur celles qui l'entourent encore. La servitude du lien et du « collectif » est brisée, enfin ! Nous voilà devenus, pour paraphraser l'empereur Auguste dans le *Cinna* de Corneille, « *maîtres de nous comme de l'univers* ». Autonome, chaque homme est désormais le législateur de sa propre existence. « *L'homme est roi, l'homme est Dieu !* » Il ne doit plus rien à personne. L'éventail de ses choix personnels s'est ouvert comme jamais ce ne fut le cas dans l'Histoire. Là réside le trésor irremplaçable de la voie occidentale, celle-là même que nous opposons volontiers aux « barbaries » pré-individualistes du dehors. Ou du Sud. ▶

▶ Mais le second constat – les deux sont corrélatifs – nous conduit à déplorer simultanément la fameuse déchirure du lien social qui en résulte. Nous y voyons l'amère rançon payée à l'autonomie, et nous n'aimons rien tant que de gémir sur son coût exorbitant. Souffrances et lamentations du moi désemparé [...]. L'individu contemporain, dit-on, est émancipé, mais orphelin. Notre bonheur d'être libre est un bonheur blessé. Il porte le deuil – et parfois le regret – des anciennes appartenances, des sujétions rigoureuses mais rassurantes, des protections de toute nature que nous avons rejetées pour leur préférer le grand large et son vent glacé. C'est au nom de ce deuil spécifique et de cette mélancolie que certains nous invitent parfois à rebrousser chemin pour s'en aller recoudre la communauté primordiale ou à refonder la République. Comme si c'était possible !

Le troisième discours – plus nouveau mais fortement articulé – consiste à célébrer avec une ferveur singulière tout ce qui ressemble à un lien de substitution : fêtes, rave-parties, liturgie des stades ou des concerts, rassemblements protestataires, chaleur des foules, grands-messes du rock, du foot, de la techno, des voyages pontificaux ou de la politique, etc. Ces moments fusionnels ont d'autant plus nos faveurs qu'ils viennent combler un manque ou consoler une solitude. L'individualisme a creusé entre les êtres une distance, un vide, que peuvent quelquefois remplir, l'espace d'un moment, ces messes profanes. De fait, elles occupent une place de plus en plus importante dans notre imaginaire collectif et dans les mots qui l'expriment. Dans le langage des adolescents, « s'éclater », « s'exploser » ou « faire la fête » signifie retrouver quelque chose comme le lien.

Ces trois constats, ces trois discours forment en tout cas les trois sommets d'un triangle, et c'est à l'intérieur de celui-ci que nous nous tenons.

Vertiges et fausses sorties

La plupart des réflexions, discussions ou polémiques contemporaines – sur la famille, l'école, la nation, le syndicalisme, la culture populaire, etc. – concernent l'une ou l'autre de ces évidences, voire les trois à la fois : autonomie, solitude, nostalgie fusionnelle. Leur incompatibilité, la contradiction qui naît de leur rapprochement constituent ce piège auquel l'homme démocratique tente désespérément d'échapper. L'objectif principal est donc de dépasser, de traverser, de « trouer » un tel enfermement, sans se satisfaire de ce qu'on pourrait appeler les fausses sorties. Ce besoin de faire lien, malgré tout, est si fort, en effet, qu'il fait naître et encourage d'étranges tropismes collectifs – disons même des vertiges – qu'on ne prend pas toujours la peine d'analyser pour ce qu'ils sont : des échappées illusoires.

La peur, d'abord. Celle, protéiforme, qui hante les sociétés modernes, peur de l'autre, de l'étranger du différent, etc., finit par constituer un succédané de lien auquel nous nous raccrochons d'instinct, faute de mieux. Thomas Hobbes ou Carl Schmitt, entre autres, ont bien analysé cette hypothèse d'une société réunie par la peur, et qui fait d'un ennemi, réel ou imaginaire, le fondement du lien social. Nous y cédons plus souvent qu'on ne le croit. On devrait mieux ▶

réfléchir à ce retour mystérieux d'une peur phobique dans des sociétés modernes dont les membres sont pourtant objectivement mieux protégés que jadis. Nos grands-parents et ancêtres n'étaient-ils pas plus exposés que nous à la maladie, à l'arbitraire, à la mort prématurée, au labeur exténuant, à la rareté, au crime ? Notre peur d'aujourd'hui est donc objectivement infondée. Mais elle est là. Puissante. Elle est un symptôme. Or, si la panique est un phénomène de dislocation (sauve qui peut !), la peur latente est une façon – détestable, mais efficace – de « faire société ».

C'est à cette même défaillance du lien qu'on pourrait imputer un autre phénomène de nature différente mais tout aussi insolite : le conformisme contemporain. On a beaucoup épilogué sur l'étrangeté et la force d'un mimétisme qui apparaît aujourd'hui comme le revers inattendu du pluralisme. Qu'il s'agisse des médias, des comportements quotidiens, de la vie amoureuse, des modes vestimentaires, de la pensée dominante, du consensus politique, le prurit d'imitation n'a jamais été aussi puissant : pensées uniques, discours uniques, comportements panurgiques, etc. L'individu prétendument émancipé paraît plus soucieux que jamais de conformité et plus respectueux qu'hier des modèles en vigueur. C'est en cherchant à s'y conformer qu'il attend, en retour, une reconnaissance et une « affection » qui lui permettront, comme le note un psychiatre et psychanalyste [Serge Tisseron], de « *renouer temporairement avec un monde à l'abri des conflits* ». Le philosophe Cornélius Castoriadis voyait dans ce conformisme généralisé la réalisation des sombres prophéties de Tocqueville sur la médiocrité de l'individu démocratique et la marque d'une véritable « insignifiance » contemporaine.

Pour l'homme d'aujourd'hui, une part inconsciente de lui-même semble reconstituer subrepticement, *via* le conformisme, une dépendance que sa part consciente rejette avec horreur. Introduisant un texte de Nietzsche, l'historienne Mona Ozouf s'interroge elle aussi sur cette ambivalence. L'homme démocratique, écrit-elle, « *est fort loin d'être le héros solitaire auquel Nietzsche réserve la dignité d'individu. Car, chose étrange, plus l'homme démocratique se sent individuel et plus il est englué dans une masse indistincte. Plus il revendique son indépendance, mieux il souligne sa dépendance* ». Fausse sortie, là encore.

Troisième exemple de fausse sortie : l'imprudence avec laquelle nous fermons les yeux sur la vraie signification de ce tribalisme urbain dont on constate le retour au cœur même des sociétés contemporaines. On fait ici référence à la fascination qu'exercent sur les médias – ou sur certains intellectuels – les manifestations fusionnelles évoquées plus haut. Fêtes, raves, tribus urbaines : ces retrouvailles frénétiques de l'individu avec le groupe illustrent une tentation qu'on devrait prendre la peine d'analyser avec plus de circonspection.

Elles ne se confondent pas avec ce qu'on appelle ordinairement le communautarisme ethnique ou religieux. Elles expriment plutôt une envie d'en revenir – fût-ce l'espace d'un moment – à un « avant » de l'individualisme. Elles parodient une communion festive et tribale qui romprait tout à la fois avec la modernité et l'autonomie. Elles sont des rappels paroxystiques du lien perdu, comme des restaurations instantanées de la tradition. Or, sans qu'on y prenne garde, notre fascination pour ce tribalisme retrouvé et la manière dont nous le théorisons peuvent nous renvoyer insidieusement au romantisme allemand du XIXe siècle ou à la pensée contre-révolutionnaire française (Joseph de Maistre, Louis de Bonald, etc.). Les romantiques allemands appelaient d'ailleurs « expérience du lien » (*Bundeserlebnis*) cette abdication fusionnelle de l'individu au profit du grand tout de la communauté. Le plus étrange est qu'une interprétation aussi archaïque de la collectivité parvienne à se travestir aujourd'hui en hypermodernité.

L'un des théoriciens extasiés du tribalisme urbain, le sociologue Michel Maffesoli, revendique d'ailleurs lui-même l'archaïsme ou la « primitivité » – à ses yeux bénéfiques – de ce qu'il appelle *« l'esthétique tribale postmoderne »*. Il y voit la preuve du caractère précaire, *« passager incertain, flottant »* de l'individu autonome de la modernité. Cette dernière est condamnée, selon lui, à faire une place de plus en plus grande à *« l'expression d'un vouloir-vivre, d'un élan vital quelque peu aveugle et animal, qui pousse tout un chacun à chercher l'intimité, voire la promiscuité avec l'autre »*. **Une telle analyse revient à relégitimer cette quête frénétique et mimétique de l'unité primitive en laquelle Nicolas Berdiaev voyait, dans les années 1930, la racine même du nationalisme qu'il abhorrait. Ce dernier, écrivait-il, est *« l'exact répondant de l'individualisme et de l'égocentrisme »*.**

Extrait de l'ouvrage *Le Goût de l'avenir* de Jean-Claude Guillebaud (Paris, Seuil, 2003).

CORRIGÉ

FRANÇAIS

1 Résumé

La question du lien est un piège qui peut d'abord être éclairé par trois discours. Le premier est la célébration de l'autonomie individuelle conquise par l'élan historique de l'Occident vers la démocratie. Mais le second est au contraire la lamentation du temps sur le coût de cette autonomie : elle émancipe en rendant orphelin. De là un bonheur altéré par la nostalgie douloureuse des vieilles attaches dont il faut faire le deuil. On en voit même prônant leur résurrection. En troisième lieu on a à écouter la ferveur singulière autour de ce qui constitue le lien de substitution : tous nos rassemblements de masse festifs, sportifs, musicaux... C'est du fusionnel contre le vide et la solitude. C'est du lien redonné à l'imagination dans le bruit et le défoulement. Le piège est donc triangulaire. Vouloir échapper à la corrélation autonomie, solitude, nostalgie fusionnelle relève de l'illusion. Les fausses sorties offertes sont la peur rassembleuse, le conformisme moutonnier et aliénant, les parodies tribales se targuant d'hypermodernité. Le tribalisme postmoderne peut s'analyser en recherche de l'unité primitive.

2 Explication

Le texte commente ici la position qui consiste à interpréter le tribalisme urbain comme l'expression postmoderne d'un renoncement à l'autonomie. Le commentaire est politique et souligne, référence à l'appui, que ce tribalisme peut constituer le terreau des retours au nationalisme, expression de l'unité primitive et des liens ancestraux.

3 Réflexion

Ce texte met en évidence que dans les sociétés occidentales, autonomie et lien, liberté et communauté correspondent à des besoins profonds, mais qu'il est difficile d'en faire une synthèse autrement que par de fausses pistes. Il convient donc de réfléchir sur d'éventuelles vraies pistes.

Les fausses pistes

Nos sociétés, comme l'évoque le texte, associent les exigences d'autonomie et de lien avec des « *échappées illusoires* ». Pour ne pas se sentir complètement « *orphelin* » de la tradition, notre temps aurait recours à des pratiques festives et grégaires, parodies de l'unité primitive. C'est ainsi que le texte relève trois formes de ces échappées illusoires : la peur, le conformisme et le tribalisme urbain. Ce sont de fausses pistes pour retrouver le lien primitif, soit en raison de leur insignifiance, soit en raison du contresens qui s'y attache, quand de telles tentatives de retour à l'avant de l'individualisme moderne sont perçues comme des marques d'hypermodernité. Le même éclairage peut être donné à la technologie moderne de l'Internet et du portable quand elle ne restitue que du lien déjà existant.

De nouvelles et vraies pistes

Cet extrait de l'ouvrage *Le Goût de l'avenir* insiste sur l'idée d'un lien primitif ne focalisant plus que nostalgies impuissantes et parodies fusionnelles. Pourtant notre temps est sollicité avec force pour être un temps qui remodèle deux liens primitifs essentiels : le lien familial et le lien politique.

La vie familiale se voit aujourd'hui sous des formes qui sont en rupture avec la famille traditionnelle. Maternité et célibat, familles recomposées sont désormais des réalités dominantes et donc basiques. Le lien familial se reconstitue à partir de ces bases et non celles du passé.

La vie politique des nations démocratiques se décentre de plus en plus de l'État-nation. Le lien national, fondateur des vieilles démocraties, est remis en question et par la régionalisation et par l'Europe ou la mondialisation. C'est un lien politique nouveau qui est en gestation avec des formes démocratiques qui auront à intégrer des cadres pluriels (Europe, Nation, Région) et des partenaires non institutionnels, tels les ONG et le militantisme du Net. En se recomposant, le lien démocratique doit être repensé.

Conclusion

Tout le fusionnel qui porte encore la nostalgie du lien primitif est en train d'être dépassé par la vraie et profonde modernité présente, celle des familles et des nations.

SUJET 2 Aquitaine II (janvier 2011)

Durée : 2 heures

QUESTIONNAIRE (20 POINTS)

QUESTION 1 (1 POINT)

Que signifient les sigles DRJSCS et ARS ?

QUESTION 2 (1 POINT)

À quel événement fait référence le film de Xavier Beauvois *Des hommes et des dieux* ?

QUESTION 3 (1 POINT)

Qu'est-ce que le bouclier fiscal ?

QUESTION 4 (1 POINT)

Jérôme Kerviel a récemment été condamné à verser 4,9 milliards d'euros à son ancien employeur. En quoi consistait le travail de Jérôme Kerviel ?

QUESTION 5 (2 POINTS)

Dans son rapport rendu en décembre 2009 et intitulé « Entrer dans l'âge adulte, la préparation et l'accompagnement des jeunes en fin de mesure de protection », l'ONED (Observatoire national de l'enfance en danger) pointe un paradoxe : « Il est demandé à ces jeunes, plus vulnérables, de faire plus et plus vite dans l'accès à l'autonomie que le reste de la population. » Quelle analyse faites-vous de ce commentaire ?

QUESTION 6 (2 POINTS)

Le traitement de la communauté des « Roms » par les autorités françaises a été dénoncé par de nombreux pays européens. Pourquoi ? Quelle est votre opinion (argumentée) sur ce problème ?

QUESTION 7 (3 POINTS)

« Aujourd'hui l'individualisation des prises en charge est devenue une prison commune. Il est difficile au milieu de tous ces accompagnements individualisés, fragmentés, de faire encore équipe. S'écoute-t-on encore dans une même équipe ? »

Extrait de l'article de Laurent Ott (éducateur, formateur chargé de recherches à l'École de formation psychopédagogique à Paris) paru dans la revue *ASH* du 15 octobre 2010.

Quel message nous adresse l'auteur ?

Qu'en comprenez-vous ? Qu'en pensez-vous ?

QUESTION 8 (3 POINTS)

La présence des forces de police au sein des lycées et collèges, objet de débats, est aujourd'hui devenue réalité. Que pensez-vous de cette évolution ? Argumentez.

QUESTION 9 (3 POINTS)

Comment comprenez-vous ce propos issu du magazine *Télérama* du 29 septembre 2010 : s'attaquer à la guerre des sexes, « *c'est reconnaître la nature idéologique de la domination masculine* ». Étayez votre point de vue.

QUESTION 10 (3 POINTS)

Présentez une situation, un fait qui vous a indigné(e) et développez votre point de vue.

CORRIGÉ

QUESTIONNAIRE

QUESTION 1

DRJSCS : Direction régionale de la jeunesse, des sports et de la cohésion sociale.

ARS : Agence régionale de santé.

QUESTION 2

Ce film fait référence à l'assassinat des sept moines français installés dans leur monastère de Tibhirine, en Algérie. Enlevés le 26 mars 1996 par un groupe armé, ils ont été assassinés ; on a retrouvé les têtes le 30 mai 1996, mais pas les corps.

QUESTION 3

C'est une mesure fiscale visant à limiter le pourcentage maximum d'impôt dont peut être redevable un contribuable pour ses revenus. En France, les impôts directs sont plafonnés à 50 % des revenus du contribuable.

QUESTION 4

En tant que trader à la Société Générale, Jérôme Kerviel avait pour fonction de gérer des opérations de spéculation propres à assurer à moyen ou court terme des profits pour la banque.

QUESTION 5

Ce commentaire est à la fois expression de bon sens et d'empathie. C'est du bon sens de considérer qu'une jeunesse fragilisée n'a pas les moyens psychologiques, culturels et familiaux d'une rapide acquisition de l'autonomie. Mais c'est aussi de l'empathie et une juste compassion : la jeunesse qui est « en fin de mesure de protection » représente, en effet, des êtres généralement blessés par la vie, depuis leur plus jeune âge.

QUESTION 6

La réaction européenne dans cette crise s'est faite au nom des grands principes de l'antiracisme et de la lutte contre les discriminations pouvant frapper des minorités. La règle de libre circulation des Européens sur les territoires de l'Europe a aussi été invoquée pour dénoncer les mesures sécuritaires de la France. Mais la procédure d'infraction n'a pas été ouverte.

D'après les sondages, l'opinion française a majoritairement soutenu les mesures gouvernementales de rapatriement des Roms en situation irrégulière.

Mais une égale majorité de cette opinion a convenu que cette communauté était victime dans ses pays d'origine (Roumanie, Bulgarie et Hongrie) de discriminations constantes qui la poussaient à chercher ailleurs des conditions de vie plus acceptables. Cette crise a fait prendre conscience à tous les grands pays européens qu'il fallait agir sur ces pays de l'Est de l'Europe pour faire bénéficier les Roms de tous leurs droits de citoyens dans leur pays et en Europe.

QUESTION 7

L'auteur nous adresse un message critique sur l'individualisation des prises en charge, devenue la règle d'or de toutes les formes d'accompagnement (éducation, maladie, grand âge). Il y voit un obstacle à l'efficacité de l'esprit d'équipe, une dégradation du principe de décision collective.

Certes, ce nouveau mode de prise en charge, qui amène à établir des projets personnalisés d'accompagnement, peut générer bien des difficultés dans les relations d'une équipe pluridisciplinaire.

Mais pour la personne accompagnée, quand un grand nombre de parties prenantes intervient dans le projet, la parole de la personne court le risque d'être moins entendue, et sa situation peut ainsi lui paraître compliquée et non-maîtrisable. Son confort de vie risque d'être affecté par un nombre trop grand d'interventions.

Même quand ils pensent bien faire, les proches peuvent inhiber l'expression de la personne ou mal percevoir la réalité de sa situation. Et lorsque les professionnels mettent en place des collaborations pour mieux articuler leurs prestations, ainsi que la loi les incite à le faire, une tension peut surgir entre l'exigence de coordination des parties prenantes et la liberté des personnes qui ont le droit de cloisonner les divers secteurs de leur vie.

Ce message critique ne relève qu'un aspect de la problématique de l'individualisation des prises en charge.

QUESTION 8

Depuis la rentrée scolaire 2010, en France, des policiers référents ont pris leurs fonctions dans des collèges et lycées de zones dites « sensibles », notamment en banlieue des grandes villes.

Ils ont des bureaux au sein de l'enceinte éducative et assurent une permanence hebdomadaire afin de contribuer à lutter contre l'insécurité en milieu scolaire. Chaque élève peut contacter le représentant des forces de l'ordre par un numéro de téléphone attitré. Pour le ministère de l'Éducation, ce policier doit faire en sorte qu'il y ait une « une meilleure coordination entre l'Éducation nationale et les services de police et de gendarmerie ». Selon le ministère de l'Intérieur « 85 % des violences et actes de petite délinquance » sont « commis par des élèves au préjudice d'autres élèves ».

Cette mesure a ses détracteurs, mais il faut reconnaître que le partenariat entre les forces de l'ordre et les responsables de l'éducation est généralement réussi et largement approuvé par l'opinion publique.

Il permet en effet de privilégier la prévention de la violence et de la toxicomanie et d'éviter à des jeunes, peu encadrés par leur famille, de se laisser entraîner dans des formes de délinquance fatales pour leur avenir.

Le policier référent rassure parents et élèves. Il est un policier de proximité comme on en réclame un peu partout en France en ce moment.

QUESTION 9

En s'attaquant à la guerre des sexes, que l'on soit homme ou femme, on refuse de considérer qu'elle est inscrite dans la nature et donc, en conséquence, on adhère à l'idée que cette guerre est culturelle ou idéologique. On peut même dans ce refus prendre pour devise la formule de Simone de Beauvoir : « *On ne naît pas femme, on le devient.* » Il y a en effet une idéologie de la domination masculine que construisent depuis des siècles et des siècles des religions, des morales, des arts, des éducations et des politiques. Et cette idéologie, en hiérarchisant les sexes, suggère la métaphore de la guerre des sexes, avec le conquérant et sa conquête. Mais scientifiquement, la nature se tait ou semble plutôt dire le contraire, si l'on se réfère à la longévité féminine par rapport à celle des hommes.

QUESTION 10

Mohamed Bouazizi, jeune marchand de fruits de la ville de Sidi Bouzi (centre de la Tunisie), le 17 décembre 2010 se voit confisquer, une fois encore, son outil de travail (une charrette et une balance). Essayant de plaider sa cause et d'obtenir une autorisation et la restitution de son stock auprès de la municipalité, il s'y fait insulter et s'en fait chasser. Une auxiliaire municipale le gifle même et lui crache dessus. Désespéré et à bout, le jour même, il s'immole par le feu.

Sa protestation héroïque contre les humiliations que doivent subir les pauvres a marqué le début d'un mois de manifestations qui ont chassé du pouvoir le président Zine El Abidine Ben Ali. Mohamed Bouazizi est un pauvre humilié qui a fait l'Histoire et y est entré pour longtemps sûrement.

SUJET 3 Aquitaine III (février 2010)

Durée : 3 heures

FRANÇAIS (10 POINTS)

Soyez attentif au vocabulaire utilisé et à l'orthographe.

1

Résumez en 10 ou 15 lignes cet extrait de texte. (2,5 POINTS)

2

Expliquez le sens de la phrase qui apparaît en gras dans le texte. (2,5 POINTS)

3

Quelle réflexion personnelle vous inspire l'ensemble de ce texte ? (5 POINTS)

Les clés pour réussir

Être très attentif à la ponctuation du texte et à ses controverses internes.

La seconde préhistoire

Nous sommes dans une seconde préhistoire, celle de l'âge de fer planétaire, préhistoire d'une possible société-monde, et toujours préhistoire de l'esprit humain, peut-être préhistoire de l'ère technique…

Nous sommes en des débuts grossiers : les premiers poly cellulaires étaient beaucoup moins complexes que les cellules qu'ils associaient, et c'est avec le temps qu'ils ont développé leur organisation, produit leurs émergences et leurs créativités. Il en sera ainsi, si elle advient un jour, de la société-monde.

Nos consciences sont sous-développées. Elles pourraient atteindre des niveaux d'élucidation, de complexité supérieurs, mieux contrôler nos actes, nos conduites, nos pensées, nous aider à dialoguer avec nos idées. Mais elles pourraient aussi subir régressions et perversions.

Pourrons-nous assumer le destin dialogique de *Sapiens-demens*, c'est-à-dire raison garder mais non s'y enfermer, folie garder mais non y sombrer ?

Pourrons-nous supporter la situation névrotique de l'être humain dans le monde, conscient à la fois d'être tout pour lui-même et rien dans l'univers ?

Pourrons-nous assumer l'angoisse de l'inachèvement de nos vies et de l'incertitude du destin humain, pourrons-nous accepter d'être abandonnés des dieux ? Pourrons-nous les abandonner ?

Saurons-nous assez que seuls l'amour et la poésie vécus sont les ripostes capables de nous faire affronter l'angoisse et la mortalité ?

Pourrons-nous inhiber la mégalomanie humaine et régénérer l'humanisme ?

Pourrons-nous fortifier le plus précieux, le plus fragile, ces ultimes émergences que sont l'amour et l'amitié ?

▶ Pourrons-nous refouler les monstres qui sont en nous par la vertu de l'amour et de la fraternité ?
Pourrons-nous pratiquer la réforme intérieure qui nous rendrait meilleurs ?
Pourrons-nous un jour « habiter poétiquement la terre » ?
L'humanité est en rodage. Y a-t-il possibilité de refouler la barbarie et vraiment civiliser les humains ?
Pourra-t-on poursuivre l'hominisation en humanisation ? Sera-t-il possible de sauver l'humanité en l'accomplissant ? Rien n'est assuré, y compris le pire.

Extrait de l'ouvrage *La Méthode, vol. 5, L'humanité de l'humanité* : l'identité humaine, d'Edgar Morin (Paris, Seuil, 2001).

CORRIGÉ

FRANÇAIS

1 Résumé

Nous sommes les primitifs d'une possible société-monde. Nous avançons peut-être vers des consciences plus performantes pour les actes et la pensée. Mais le contraire est également possible. Quelle part allons-nous laisser au dialogue *Sapiens-demens*, sagesse et folie ? Comment va être supporté l'absolu du moi et son néant dans l'univers ? Comment supporterons-nous les angoisses existentielles sans le secours de la divinité ? Saurons-nous voir que seuls l'amour et la poésie permettent de les affronter ? Ferons-nous dégénérer la mégalomanie et renaître l'humanisme, fortifier amour et amitié, progresser notre moi profond ? Habiterons-nous poétiquement la terre ? L'humanité se rode. Avec ou sans barbarie ? Une humanité civilisée ou pas ? Passera-t-on de l'hominé à l'humain ? Y aura-t-il sauvetage d'une humanité accomplie ? Le pire n'est pas exclu.

2 Explication

L'ouverture de cet extrait se fait sur un ton d'annonce magistrale qui s'attache à mettre le présent dans des perspectives d'avenir visionnaires. Avec le mot « préhistoire » pour le désigner, le présent apparaît comme un temps de primitivité : il est ainsi dévalorisé. L'avenir en revanche est prophétisé en des termes forts qui expriment une attente à la fois complexe et majestueuse. La complexité de cette attente tient aux objets auxquels elle s'attache : la société-monde, l'esprit humain, l'ère technique. La majesté apparaît dans la référence poétique à un « âge de fer planétaire », allusion à la poésie épique d'Hésiode évoquant la création du monde par les dieux en quatre âges : l'âge d'or, l'âge d'argent, l'âge de bronze et l'âge de fer. Edgar Morin semble vouloir nous dire qu'on n'est qu'aux origines d'une ère que tout un chacun croit advenue depuis la nuit des temps, depuis les débuts de l'Histoire des civilisations. Il place ainsi sa réflexion sur l'avenir du monde dans des dimensions épiques et mythologiques.

3 Réflexion

Ce texte présente une articulation complexe de visions et de questionnements sur le futur de l'humanité. Il est à la fois optimiste et pessimiste.

Visions hypothétiques

Deux visions positives poétisent un accomplissement humain plus proche de l'idée d'âge d'or que de celle d'âge de fer. En effet, l'auteur commence par évoquer *« une possible société-monde »*, rêve des plus grands idéalismes humains, religieux et philosophiques.

Il exprime aussi comme possibles les avancées des esprits et des consciences. Il précise cette hypothèse comme un progrès intellectuel et moral. Selon lui, les consciences peuvent progresser de façon à mieux contrôler *« actes »*, *« conduites »* et *« pensées »*.

Questionnements sur le futur

Les questionnements qui constituent l'essentiel de cet extrait partent de la crainte de voir très exactement le contraire de la vision idéalisée du futur des consciences humaines : *« [...] elles pourraient aussi subir régressions et perversions. [...] Rien n'est assuré, y compris le pire. »*

C'est ainsi que la suite des interrogations se construit en présentant, chacune, une alternative entre le bien et le mal, entre grandeurs et faiblesses humaines. Voilà pourquoi cette *« seconde préhistoire »* évoquée par Edgar Morin devient une sorte de point d'observation de l'homme double, raisonnable et fou, *« composé de grandeur et de bassesse »*, en termes pascaliens.

Mais ce questionnement sur les risques du pire met aussi en lumière des valeurs d'avenir capables de fonder le dépassement de la *« seconde préhistoire »*. Ce sont par exemple une suite de duos : amour et poésie, amour et amitié, amour et fraternité. La force oratoire du questionnement dresse une sorte de palmarès des valeurs de progrès pour *« habiter poétiquement la terre »* : humanisme, civilisation et réforme intérieure.

On trouve aussi à la lecture de ce texte l'évocation de mises en garde propres à préserver l'avenir de l'âge de fer. L'auteur recommande de ne sombrer ni dans l'angoisse métaphysique, ni dans la mégalomanie, ni dans la barbarie.

Conclusion

À partir d'un vieux mythe, Edgar Morin se fait ici militant éclairé d'un progrès qui réclame autant d'efforts collectifs que d'efforts individuels, ce qui le rend problématique et incertain.

SUJET 4 Aquitaine IV (janvier 2010)

Durée : 3 heures

FRANÇAIS (10 POINTS)

Soyez attentif au vocabulaire utilisé et à l'orthographe.

1

Résumez en 15 ou 20 lignes cet extrait de texte. (2,5 POINTS)

2

Expliquez le sens de la phrase qui apparaît en gras dans le texte. (2,5 POINTS)

3

Quelle réflexion personnelle vous inspire l'ensemble de ce texte ? (5 POINTS)

Les clés pour réussir

S'aider de l'autocommentaire que porte le texte pour conduire la réflexion.

L'homme sans substance

« Dans les séminaires de Michel Foucault consacrés aux philosophes de l'Antiquité et à la question du "souci de soi", on trouve des notations qui montrent que cette idée n'était pas étrangère aux dits philosophes. Le "souci de soi", en tant que tel, implique en effet un minimum d'intériorité. Or, chez les stoïciens en général et dans les *Lettres à Lucilius* de Sénèque en particulier, est évoqué – négativement – un concept que Foucault présente comme le contraire du "souci de soi" : **la *stultitia*. Le mot désigne une ouverture excessive de l'individu vers le dehors, une incapacité à se rassembler soi-même dans la constance et la permanence. L'homme en proie à cette funeste effervescence, c'est le *stultus*, celui qui change d'avis sans arrêt, demeure sans mémoire, ni volonté, ni intériorité, dissous en somme dans la transparence.** Commentant le texte de Sénèque *De tranquillitate*, Foucault ajoute que le *stultus* est *"celui qui ne se souvient de rien, qui laisse sa vie s'écouler, qui n'essaie pas de la ramener à une unité en mémorisant ce qui mérite d'être mémorisé, et qui ne dirige pas son attention, son vouloir, vers un but bien précis et bien fixé"*.

Cet homme sans intériorité dont se moque Sénèque ressemble comme un ancêtre lointain à l'homme transparent que nous annoncent les mutations d'aujourd'hui. Le principe de transparence, que celle-ci soit ingénument revendiquée ou imposée du dehors, assiège de toute part le bastion de l'intériorité que Thérèse d'Avila appelait le *"château de l'âme"*. La reddition de ce dernier favoriserait l'avènement d'un type anthropologique particulier : l'homme sans substance. Son intériorité et sa réalité substantielle seraient remplacées peu à peu par des formes procédurales, des "opérations" sans ▶

contenu. Le philosophe Jean-François Mattéi estime que cette perte désastreuse est déjà consommée. "*Le sujet moderne*, écrit-il, *est construit par ses procédures de réflexion qui ne renvoient jamais à un contenu intérieur puisque l'intériorité se réduit précisément à la gestion de ces procédures, lesquelles, bien entendu, sont vides.*"
Mattéi n'est pas le seul à s'alarmer. Pour Charles Taylor, l'exhibition de l'intime et le principe de transparence mettent en danger à la fois la culture humaine et l'individu en tant que sujet. Le point de vue du jésuite Paul Valadier va dans le même sens. Il exprime son inquiétude en termes très durs : "*Sans ces nappes de secret, pas de création artistique, pas de projet à long terme, pas de maturation personnelle, donc pas de créativité ni de sens de sa dignité personnelle unique, mais des girouettes, des robots, des êtres interchangeables – ce que veulent les systèmes totalitaires ou les puritains de la transparence.*"
D'autres encore ont cru déceler avec quelque raison dans ce règne du bavardage et de la confidence une dévalorisation de la parole elle-même. L'écoute est à la fois généralisée et indifférenciée. À force de tout écouter, on n'entend plus rien. Le "trop" finit par noyer le contenu, et le verbe ainsi répandu n'est plus qu'une parole humiliée. Cette dernière expression fut mise en avant par Jacques Ellul voici plus de vingt ans. Dans un livre incandescent – et par bien des aspects prophétique –, il pressentait une ruine de la parole par l'excès même de celle-ci. "*Excès de mots. Excès d'informations. […] La parole anonyme continue de couler. Bruit-bruits. Parce qu'elle n'établit plus aucune espèce de relation. Elle est détachée dorénavant de façon définitive de celui qui la prononce. Il n'y a personne derrière.*"
Reprenant les intuitions d'Ellul, on se réfère aujourd'hui à l'irrépressible dégradation de toute parole ainsi rabattue sur la plus insignifiante, diluée dans une soupe communicationnelle où tout se vaut et s'équivaut et où, par conséquent, rien ne porte à conséquence. Pierre Legendre voit un grave péril dans ce funeste "*effacement de la limite qui donne à la parole humaine son poids et à celui qui parle son statut d'homme*". Ce processus destructeur du sens conspirerait à l'édification d'une "*société nullitaire*", pour reprendre l'expression de Michel Schneider.
Un pessimisme aussi noir est-il excessif ? Peut-être. La dissolution de l'intériorité est une menace, mais ceci n'est probablement pas sans appel. Elle suscite des résistances, fait naître des refus, allume des révoltes qu'on aurait tort de juger vaines ou vouées à l'échec. Léo Strauss nous invitait jadis à distinguer les différentes temporalités de l'aventure humaine : "*La houle infatigable des mouvements de l'âme, au-dessus, les grandes vagues dans lesquelles cette houle prend cette forme provisoire qu'on nomme l'Histoire, au-dessus encore, la crête d'écume du hasard et du moment, et tout cela se rassemble et s'écroule et déferle.*" On peut rappeler à ce propos un détail d'importance. Sous sa forme effective, concrète et démocratiquement partagée, l'intimité qui accomplit les promesses de l'intériorité, tout en rendant celle-ci possible est une conquête très récente en Occident. Elle fut longtemps un privilège réservé aux classes riches : pour les autres, la promiscuité et la transparence forcée étaient la règle. »

Extrait de l'ouvrage *Le Goût de l'avenir* de Jean-Claude Guillebaud (Paris, Seuil, 2003).

CORRIGÉ

FRANÇAIS

1 Résumé

La réflexion de Michel Foucault sur le « souci de soi » emprunte à la *stultitia* de Sénèque pour donner sens à l'idée contraire et décrire l'être transparent, sans intériorité. Dans les transformations modernes, avec les avancées de l'homme sans substance, s'écroule le « *château de l'âme* » de Thérèse d'Avila. Jean-François Mattéi évoque un sujet moderne mentalement réduit à de simples opérations de pensée, sans profondeur. Cette transparence est alarmante pour la culture humaine et la dignité individuelle : on n'a plus à attendre que des êtres robotisés. Le vide touche aussi la communication où le trop dans le dire et l'écoute réduit la parole à un bruit inopérant pour communiquer. Cette dégénérescence de la parole la vide de sens et de dignité. Elle représente le tohu-bohu d'une « *société nullitaire* ».

Ce mal n'est peut-être pas incontournable. Il suscite des résistances. Il faut se reporter à l'idée des différentes temporalités historiques et considérer que l'intimité génératrice d'intériorité est un acquis récent, une avancée vers les privilèges de la richesse.

2 Explication

Cette phrase s'attache à analyser ce que dénotent et connotent deux mots latins, le mot *stultitia*, communément traduit par « sottise » et le mot *stultus*, communément traduit par « sot ». Il s'agit dans le texte de préciser ces mots en développant au maximum leur sens pour en faire des « éclaireurs antiques » d'une réalité contemporaine dénoncée par Jean-Claude Guillebaud, la déliquescence de l'intériorité et les avancées de l'homme « sans souci de soi », de l'homme transparent.

3 Réflexion

L'auteur de ce texte commente lui-même son propos en en soulignant le pessimisme. On a là en effet l'expression d'une pensée qui pronostique, à partir des mutations d'aujourd'hui, la dégradation de la vie intérieure des individus et celle de la communication médiatique. L'avenir du monde est ici décliné en termes très négatifs. Il s'installe au fil de la lecture une double vision de ce que prépare notre temps pour l'avenir.

Vision de l'homme transparent

La transparence qu'analyse l'auteur n'est pas la connaissance de soi, perfection humaine instaurée par Socrate et toute sa descendance philosophique. Il s'agit en fait d'une régression humaine vers le superficiel et le mécanique, vers la robotisation de la vie intérieure. Cette sévérité de lecture de l'homme contemporain est assurément fondée, si l'on se réfère à la facilité avec laquelle des millions de personnes se laissent capter et conditionner par les jeux de persuasion des publicités. Le phénomène très actuel de la vogue des rassemblements de masse est aussi révélateur de la régression d'une culture individualisée et du goût pour les profondeurs du moi. Une accession au moi profond est aujourd'hui le plus souvent un produit marchand que « vendent » au mieux les psychanalystes, au pire les tests de personnalité de la presse ou du Web. Toutefois, on ne peut déplorer cette mutation individuelle sans considérer que pour être prospère, la société de consommation a besoin de cet homme transparent.

Vision de la société nullitaire

Le néologisme « nullitaire » résume avec férocité ce que le texte décrit et analyse du discours dominant actuel. Le champ lexical utilisé pour décrire la dégradation de la parole est lui-même très négatif. C'est « la soupe communicationnelle » actuelle qui est donnée comme le principe fondateur de « *la société nullitaire* » à venir. À partir de là, on voit le rapport qu'établit l'auteur entre une logorrhée médiatique et une régression culturelle de la société et de la réflexion collective. Le « tout se vaut » triomphant est le fossoyeur de l'esprit critique, du goût du débat, de la dialectique discursive, bref, de l'exercice de la raison.

Conclusion

Ce texte est à la fois critique et polémique. Il rassemble des témoignages qui depuis la nuit des temps jusqu'à nos jours confortent l'idée que veut soutenir l'auteur, à savoir que « *la dissolution de l'intériorité est une menace* ».

SUJET 5 Aquitaine V (janvier 2010)

Durée : 2 heures

QUESTIONNAIRE

QUESTION 1 (1 POINT)

Qui était Claude Lévi-Strauss ?

QUESTION 2 (1 POINT)

Qui a reçu le prix Nobel de la paix 2009 ?

QUESTION 3 (3 POINTS)

Hannah Arendt considérait qu'une société démocratique se définissait entre autres par « le droit d'avoir des droits ». Qu'en pensez-vous ?

QUESTION 4 (3 POINTS)

Que signifient les notions de « développement durable » et de « décroissance » ? En quoi sont-elles d'actualité ?

QUESTION 5 (3 POINTS)

La France compte aujourd'hui 8 millions de personnes pauvres. Quelle analyse faites-vous de cette situation ?

QUESTION 6 (3 POINTS)

« L'imagination est plus importante que le savoir » est une citation d'Albert Einstein. Que vous inspire-t-elle en tant que futur travailleur social ?

QUESTION 7 (3 POINTS)

Que pensez-vous de l'idée d'instaurer un couvre-feu pour les mineurs de moins de 13 ans délinquants ?

QUESTION 8 (3 POINTS)

On annonce la suppression des cours d'histoire-géographie en classe de terminale scientifique. Indiquez les avantages et inconvénients d'une telle mesure.

CORRIGÉ

QUESTIONNAIRE

QUESTION 1

Claude Lévi-Strauss (1908-2009) est un anthropologue et ethnologue français qui a exercé une influence décisive sur la pensée intellectuelle du XXe siècle.

QUESTION 2

Barack Obama.

QUESTION 3

La société démocratique qui s'accorde à la conception du « droit d'avoir des droits » pour chaque individu est une société qui s'interdit d'avoir des sans-droits, comme se le sont accordé les grands régimes totalitaires du XXe siècle.

Or le droit d'avoir des droits n'est garanti à un homme que par son statut de citoyen et non par l'appartenance au genre humain, comme la situation des sans-droits le démontre. La formule d'Arendt cherche à ancrer les droits dans une communauté politique universelle, dans une humanité politique. Les droits de l'homme ne sont plus dans cette formule identifiés à une appartenance nationale, mais au statut humain. Le droit d'avoir une existence légale est ainsi reconnu comme universel. Il y a là une éthique problématique pour un temps où l'on côtoie quotidiennement sans-papiers et clandestins.

QUESTION 4

Développement durable et décroissance sont deux réponses antagonistes aux risques qui menacent aujourd'hui l'humanité : des ressources naturelles appauvries et de profonds fossés entre groupes sociaux, pays et cultures.

La réponse du développement durable pour gérer cet état du monde est devenue le cadre de référence des principaux acteurs politiques et sociaux.

La réponse de la décroissance conteste la notion même de développement et tient le concept de développement durable pour une illusion ou une dérobade.

Cette divergence est à la une de l'actualité dans les phases où il y a crise de l'énergie ou pollution menaçante.

QUESTION 5

Le dernier rapport de l'Observatoire national de la pauvreté et de l'exclusion sociale (ONPES) a fait le constat de la dégradation, avec la crise, de la situation des plus vulnérables. Le rapport présente une étude intitulée *Impact de la crise sur la pauvreté* où il est précisé que « nous entrons actuellement dans une phase de chômage durablement élevée », avec des « conséquences considérables en termes sociaux ». Il y aurait même risque pour certains d'irréversibilité du chômage et de la pauvreté.

Les associations sont particulièrement préoccupées par l'augmentation des demandes d'aide alimentaire et financière enregistrée depuis l'automne 2008. Un système de veille sociale fait apparaître un recours plus important des jeunes et des personnes âgées aux aides sociales.

La pauvreté touche également les personnes employées. Il y a de plus en plus de travailleurs pauvres, surtout dans les grandes villes en raison du coût du logement. À Paris, on peut rencontrer des salariés SDF ou domiciliés dans leur véhicule.

Cette montée de la pauvreté est une cause de fragmentation de la société française.

QUESTION 6

Il y a des savoirs qui sont inopérants ou absents dans nombre de circonstances où le travailleur social doit agir et réussir. Le lien social qu'il lui faut savoir établir dans l'urgence s'appuie largement sur les facultés de son imagination. Ce qui le relie le plus vite à celui ou celle qu'il doit accompagner de son aide, c'est non pas la lecture d'un dossier mais celle que fait son imagination à partir d'un vêtement, d'une attitude, de tel ou tel environnement. C'est cette faculté qui va lui permettre de trouver le ton le plus juste pour consoler, rendre confiant, persuader. L'imagination sert à initier et renforcer le lien social qu'il faut parfois improviser.

QUESTION 7

On a dans cette mesure, souvent prise par les maires, une initiative favorable aux jeunes et aux familles. C'est une mesure de prévention et d'éducation des jeunes et des familles. Elle permet aussi de faire la lumière sur des situations de précarité familiale pour lesquelles il existe des réponses d'aide et de conseil. Ce n'est pas une mesure de répression, mais une excellente procédure de police de proximité.

QUESTION 8

La nouvelle réforme des lycées rend cette discipline optionnelle en terminale scientifique. Il y a polémique.

Les avantages de cette réforme sont doubles : elle renforce la spécificité scientifique de la section et permet aux élèves d'avoir des heures d'accompagnement personnel en petits groupes pour les soutenir dans les difficultés qu'ils peuvent rencontrer.

Les inconvénients tiennent au fait que les apports culturels de la section se trouvent réduits et que les élèves pourront se trouver mal formés pour accéder à des orientations de haut niveau où les connaissances historiques ont une importance majeure.

SUJET 6 Aquitaine VI (décembre 2008)

Durée : 2 heures

QUESTIONNAIRE (20 POINTS)

QUESTION 1 (2 POINTS)

Qu'appelle-t-on « lois mémorielles » ? Citez-en une. Pourquoi ces lois font-elles l'objet de polémiques ?

QUESTION 2 (1 POINT)

Quel est l'organisme international qui tente de régler les conflits entre les pays ?

QUESTION 3 (2 POINTS)

Des entreprises financent des manifestations artistiques. Comment appelle-t-on ce soutien financier ? Pensez-vous que ce soit leur rôle ?

QUESTION 4 (2 POINTS)

Face à la crise économique, on parle de « relancer la consommation ». De quoi s'agit-il ?

QUESTION 5 (1 POINT)

Les professeurs Françoise Barré-Sinoussi et Luc Montagnier viennent de se voir attribuer le prix Nobel de médecine. Pour quelle découverte ?

QUESTION 6 (3 POINTS)

La presse « papier » sera peut-être remplacée dans quelques années par une presse consultable sur le Net. Que pensez-vous de cette évolution ? Vous-même, que préféreriez-vous ?

QUESTION 7 (3 POINTS)

De nombreux « SDF » disent que le plus difficile, lorsqu'ils sont dans la rue, est de ne plus se sentir exister dans le regard des autres. Que pensez-vous de cette affirmation ?

QUESTION 8 (3 POINTS)

Face à la moindre représentation des « minorités » dans la société, on évoque parfois la nécessité d'une « discrimination positive ». De quoi s'agit-il ? Quels en sont les avantages et les inconvénients ?

QUESTION 9 (2 POINTS)

À votre avis, faut-il introduire des « caméras cachées » dans les établissements sanitaires et sociaux où existent des risques de maltraitance, comme l'a fait récemment une émission de télévision ?

QUESTION 10 (1 POINT)

Citez une « collectivité territoriale ».

CORRIGÉ

QUESTIONNAIRE

QUESTION 1

Les lois mémorielles sont des lois commémoratives où se formule le point de vue officiel d'un État sur des événements historiques, pour l'imposer à une communauté nationale, voire mondiale.

La loi Taubira du 21 mai 2001 prescrit la reconnaissance de la traite et de l'esclavage comme un crime contre l'humanité.

Ce type de lois est objet de polémique car il impose une certaine lecture de l'Histoire sur des sujets souvent controversés.

QUESTION 2

L'ONU.

QUESTION 3

Il s'agit du mécénat culturel. C'est d'autant plus le rôle des grandes entreprises qu'elles profitent ainsi d'une valorisation de leur image.

QUESTION 4

Relancer la consommation suppose des actions sur les prix, sur les salaires et sur le crédit. Mais c'est par là que l'État peut trouver une augmentation du montant des taxes à la consommation.

QUESTION 5

Le prix Nobel de médecine 2008 a été décerné aux professeurs Françoise Barré-Sinoussi et Luc Montagnier pour leurs travaux portant sur la découverte du rétrovirus responsable du sida, en 1983, à l'Institut Pasteur.

QUESTION 6

Toute la presse a désormais une double existence papier et Net. C'est une excellente évolution. Mais l'on ne voit pas de disparition de la presse papier dans un proche avenir, en raison même du développement et du succès de la presse gratuite, que l'on voit à la main de tout un chacun dans les transports en commun des grandes villes.

QUESTION 7

Cette affirmation est très justifiée. C'est en effet le diagnostic même du docteur Xavier Emmanuelli qui appelle ce ressenti des SDF la « maladie du lien » et qu'il précise en ces termes : « N'existant plus dans le regard des autres, ils finissent par ne plus exister dans leur propre regard. »

QUESTION 8

La discrimination positive correspond à l'ensemble des mesures destinées à permettre le rattrapage de certaines inégalités en avantageant telle ou telle catégorie de citoyens. Née aux États-Unis dans les années 1960-1970 pour favoriser l'intégration des minorités noires et hispaniques, elle donne la priorité à celles-ci par rapport aux Blancs avec un système de quotas ou de places réservées. En France, il existe des mesures de discrimination positive dont les critères sont territoriaux ou socio-économiques : on avantage par exemple les lycéens des zones d'éducation prioritaire pour leur entrée dans l'enseignement supérieur.

Pour certains, une politique de discrimination positive est justifiée car l'égalité des droits reste très théorique et ne correspond pas à la réalité. D'autres contestent ces mesures, qu'ils jugent inefficaces et stigmatisantes pour le groupe favorisé, discriminatoires, voire racistes envers le groupe défavorisé.

QUESTION 9

« Les infiltrés » de France 2 ont, avec leur caméra cachée, fait un reportage accablant pour les lieux et le personnel observés. Mais une caméra cachée dans ce genre de situation ne peut servir qu'à mettre en évidence l'incompétence professionnelle pour les tâches à accomplir. Il faut, dans les lieux où des cas de maltraitance apparaissent, non pas « fliquer » le personnel, mais le former ou le remplacer. Comme on le fait pour les soins palliatifs, il faut veiller aux capacités des soignants de prendre en compte les spécificités d'accueil et de soins propres à leur lieu de travail.

QUESTION 10

La région est une collectivité territoriale, comme le département ou la commune.

SUJET 7 Aquitaine VII (décembre 2008)

Durée : 3 heures

FRANÇAIS (10 POINTS)

Soyez attentif au vocabulaire utilisé et à l'orthographe.

1

Résumez en 15 ou 20 lignes cet extrait de texte. (2,5 POINTS)

2

Expliquez le sens de la phrase qui apparaît en gras dans le texte. (2,5 POINTS)

3

Quelle réflexion personnelle vous inspire l'ensemble de ce texte ? (5 POINTS)

Les clés pour réussir

Bien voir dans le texte le rapport entre raisonnement philosophique et engagement moral.

La liberté subjective et objective

« L'autonomie n'est pas le repli sur l'individualité. L'autonomie est, en elle-même, paradoxale. Elle suppose, d'une part, une opération absolument originale et exclusive du sujet. Mais elle exige, d'autre part, le dépassement de l'individualité.

En effet, l'autonomie consiste pour le sujet à trouver en soi-même ses propres lois. Or une loi est un principe régulateur ; comme telle, elle suppose l'articulation du multiple d'après un principe qui ne se confond avec aucun des éléments en relation. Ainsi ne peut-elle pas être valable pour un individu exclusivement : celui qui fait sa loi n'est précisément pas dans l'ordre de la loi ; il ne fait qu'imposer sa propre volonté aux autres.

Il ne s'agit pas de loi mais de force. Trouver en soi ses propres lois, ce n'est donc pas inventer ses lois pour soi-même. De telles lois ne seraient pas des lois. Le vrai sens de l'autonomie n'est donc pas la création arbitraire de pseudo-lois par un individu épris de son bon plaisir. L'autonomie suppose de la part du sujet une capacité à faire taire en lui les penchants, les intérêts et les autres formes de déterminations qu'il ne fait que subir. Elle est dans la responsabilité à l'égard de soi-même : le sujet autonome est intransigeant avec lui-même au moment de donner son assentiment à un énoncé ou à une décision. Il n'admet rien, dans l'ordre de la connaissance naturelle, dont il ne puisse rendre raison.

Ainsi pense-t-il par lui-même : il est capable de justifier rationnellement les enchaînements logiques entre les représentations sans être tributaire de l'autorité de quiconque ; il produit par lui-même la reconnaissance de la nécessité logique. Or cette exigence à l'égard de soi conduit inévitablement à rencontrer l'autre, ▶

▶ au moins potentiellement : la pensée ainsi explicitée rigoureusement est une vraie pensée, elle est donc pensable par tout autre sujet pensant. Plus le sujet est maître de sa pensée, plus elle est "sienne", plus il est capable de la communiquer. L'accouchement des esprits, la maïeutique, que pratiquait Socrate n'est, au fond, rien d'autre que la mise en œuvre de ce principe.
Dans la *Critique de la faculté de juger* (§ 40), Kant appelle "pensée élargie" ce caractère essentiel de la pensée libre : plus je pense par moi-même, plus je dois être capable de communiquer ma pensée à d'autres.
Il n'y a donc aucune contradiction entre autonomie et universalité : les règles du raisonnement, que le sujet trouve en lui, sont valables pour tout autre sujet rationnel ; de même, la loi morale, qui s'offre à lui comme un fait de la raison, s'offre à tout sujet.
Il faut donc reconnaître deux niveaux de la subjectivité : l'universel et le singulier. Être sujet, c'est être doué de conscience de soi et, partant, de mémoire, d'intelligence, de sensibilité, de volonté. Cette constitution du sujet est la même en tout sujet, puisqu'elle lui est essentielle. Ainsi doit-on dire qu'il y a une universalité subjective : le fond commun à tous les sujets n'admet pas d'exception. Dans cette mesure, l'adjectif "subjectif" signifie "propre au sujet, par opposition à l'objet". En revanche, la mise en œuvre des facultés est un acte propre au sujet concret ; de même, les objets singuliers auxquels ces facultés s'appliquent sont propres à l'individu incarné. Tous les sujets sont doués de mémoire mais ils n'ont pas tous les mêmes souvenirs. En ce sens, "subjectif" signifie "ce qui est propre à un sujet par distinction d'avec les autres sujets".
Ces deux niveaux de réalité existent dans le même individu. Le premier est la condition du second, de sorte que le second ne peut pas réellement s'accomplir contre le premier. Celui qui voudrait faire œuvre d'originalité absolue risque fort de se stériliser par l'inhibition de ses propres facultés.
Ainsi le déploiement de la liberté subjective passe-t-il par le détour d'un principe de détermination susceptible de valoir pour d'autres sujets. Il n'y a donc pas lieu d'opposer une liberté intérieure et une liberté médiatisée par la loi. Le clivage entre éthique et politique est, dans une large mesure, un faux problème.
La liberté ne peut être singulière sans être universelle. En effet, le sujet est libre dès lors qu'il échappe aux mobiles pulsionnels, aux penchants sensibles, aux pressions psychologiques qui le déterminent sans même qu'il s'en aperçoive. Ces déterminations sont elles-mêmes conditionnées par sa complexion particulière, par le contexte dans lequel il se trouve. La vraie liberté n'est donc pas le caprice, l'usage irréfléchi du pouvoir d'action. Dans ce cas, en effet, le sujet croit "faire ce qu'il veut" mais il se trompe : il ne fait pas ce qu'il veut parce qu'il ne veut pas effectivement ; ce sont les circonstances qui veulent à sa place.
Pour accéder à la liberté, il faut donc se hausser au-dessus de ses particularités individuelles. Il faut paradoxalement se perdre pour se trouver : perdre, ▶

par l'obéissance à la loi, les mobiles particuliers pour trouver la véritable autonomie. Ce processus paradoxal s'accomplit de façon emblématique dans la logique politique. L'homme qui entre dans la relation politique ne peut plus se déterminer selon ses inclinations, il est tenu de prendre en compte la loi qui s'impose à tous. L'État de droit n'est pas le règne de la force ni le triomphe de l'intérêt particulier. Loin d'être une contrainte qui brime la particularité individuelle, la loi est médiation qui permet à chacun d'échapper au pouvoir de l'autre. Cela n'est possible que si la loi n'est l'expression d'aucun intérêt particulier. L'égalité des citoyens est la condition de la rationalité de la loi. Par l'obéissance à la loi, chacun échappe non seulement à la relation de force mais aussi à l'impulsion aveugle de ses propres inclinations. »

Extrait de l'ouvrage *La Liberté* de Frédéric Laupies (Paris, PUF, 2004).

CORRIGÉ

FRANCAIS

1 Résumé

Le paradoxe de l'autonomie c'est qu'elle exige introversion et extraversion. Pour trouver sa propre loi sans aliéner les autres, il ne faut pas créer arbitrairement de pseudo-lois assimilables au bon plaisir. De là la nécessité de faire taire ses penchants et de confier à la seule raison ses choix et décisions. Être autonome, c'est penser par soi-même, avec un effort de logique qui est ouverture à l'autre. On forme du pensable. La pensée qu'on a faite sienne est communicable. C'est une démarche socratique, une pensée libre et élargie telle que la conçoit Kant. Autonomie et universalité s'associent dans l'instauration de la loi morale. Ce dualisme construit pour chacun une subjectivité à la fois singulière et universelle. Et cela exclut le principe d'originalité absolue. On ne peut donc opposer liberté intérieure et liberté institutionnelle. La liberté singulière n'est pas l'expression du caprice. Elle doit rester universalisable et échapper aux déterminismes personnels qui aliènent le moi. La loi qu'il faut respecter est celle qui sert de médiatrice entre les intérêts particuliers et l'intérêt général, celle de l'état de droit, loi rationnelle sans arbitraire ni fantaisie.

2 Explication

Cette phrase souligne que l'autonomie n'est pas à confondre avec un fantasme de liberté totale. Elle est une appropriation de la liberté par *« les règles du raisonnement »*, c'est-à-dire par une démarche accessible à chacun. L'autonomie, ainsi conçue et construite, garde toujours un potentiel d'universalité. La loi morale que construit la raison d'un sujet est communicable à tout un chacun.

3 Réflexion

La liberté suscite de nombreux malentendus. Ce texte a le mérite d'offrir une réflexion qui encadre cette notion en l'éclairant par deux paradoxes apparents, forts et convaincants, qu'il s'emploie à dépasser. Tous deux contribuent à légitimer une pratique raisonnée de la liberté individuelle et à condamner ce que l'on peut appeler « bon plaisir » ou « caprice ».

La légitimation d'une pratique raisonnée de la liberté individuelle

Le texte insiste sur l'idée que nous devons agir non pas sous l'empire de nos passions ou désirs, mais sous la direction de la raison, qui est la faculté de l'universel et de la moralité. La raison, en s'exerçant, dicte une loi, une règle à l'action. L'autonomie signifie donc qu'on se donne à soi-même sa règle de conduite mais ce n'est pas un agir déréglé, subissant simplement les poussées aléatoires du désir : c'est un agir réglé, décidé, délibéré et régulé par la loi morale. La liberté et la moralité s'enracinent ainsi dans la souveraineté de l'individu décidant pour lui-même, de façon majeure. Et c'est parce que la loi morale est enracinée dans l'exercice de la faculté de raisonner que la liberté individuelle est légitime. Elle consiste, pour tout individu doté de raison, à décider en conscience de ce qu'il veut et à instaurer sa propre règle de conduite.

L'article 1 de la *Déclaration universelle des droits de l'homme* de 1948 fait écho à la réflexion de ce texte : « *Tous les êtres humains naissent libres et égaux en dignité et en droits. Ils sont doués de raison et de conscience et doivent agir les uns envers les autres dans un esprit de fraternité.* » Toutes les sociétés avancées ont besoin de prêter attention au développement d'une pédagogie de l'autonomie fondée ainsi sur raison et morale et prétendant non au singulier mais à l'universel.

Le procès du bon plaisir

L'ensemble du texte évoque en termes critiques les principaux aspects du bon plaisir. La recherche de l'agrément personnel est présentée comme une obéissance à des penchants ou des déterminismes. Le texte « radiographie » celui qui croit n'en faire qu'à sa tête comme une sorte d'aliéné à des pulsions prédéterminées par sa psychologie et le contexte dans lequel il se trouve. Ce descriptif paradoxal des libertés du caprice le réduit à un « *usage irréfléchi du pouvoir d'action* », une véritable aliénation à des déterminismes ou des circonstances qui sont seuls en fait à décider.

Cette réflexion est utile pour prendre des distances de raison avec tous les éléments médiatiques et publicitaires qui dans nos sociétés essaient de promouvoir des valeurs hédonistes. De telles valeurs en entraînent certains soit vers la délinquance, soit vers de graves précarités financières.

Conclusion

On est plus habitué au traitement politique du thème de l'autonomie qu'à son traitement philosophique, comme nous l'avons dans ce texte. C'est pourtant la philosophie de la raison qui met bien en évidence la légitimité morale et politique de la revendication du droit à l'exercice de la liberté individuelle.

SUJET 8 Auvergne

Durée : 3 heures

Y a-t-il des manières d'imposer son autorité ?
Vous répondrez à cette question de façon précise et ordonnée en argumentant votre point de vue et en vous appuyant sur des exemples précis. (20 POINTS)

CORRIGÉ

Introduction

Depuis Rabelais et son Abbaye de Thélème, avec pour devise « Fays ce que vouldras », le principe d'autorité et ceux qui en disposent ont été souvent dénoncés et contestés. Il faut aujourd'hui beaucoup de lucidité, de mesure et de précaution pour imposer son autorité, car s'il est de bonnes manières de le faire, il en est aussi de mauvaises.

Les manières à éviter

Confondre autorité et violence c'est accepter une obéissance contrainte par la peur. Certes, avec la menace des coups de règle sur les doigts, beaucoup de bambins ont appris leurs tables de multiplication, mais ce n'est pas ainsi qu'a pu se développer leur curiosité intellectuelle.

À l'opposé de l'autorité par la violence, on trouve l'autorité par la démagogie ; dans ce cas, on se fait obéir en flattant intérêts, passions ou préjugés. La démagogie est un moyen d'autorité devant des individus ou des foules naïves ; mais, des citoyens éclairés sauront ne pas se laisser prendre, par exemple, aux allégements d'impôts accordés à la veille des élections. Un professeur qui, pour tenir sa classe, sur-noterait ses devoirs et exercices aurait vite à subir la méfiance des familles et la dérision des élèves. Le principe des empereurs romains de donner au peuple du « pain et des jeux » pour maintenir la paix civile et asseoir leur autorité semble repris aujourd'hui, dans des États où le peuple n'est pas assez instruit pour voir qu'on l'abuse et que l'on dessert ses véritables intérêts, même si on le divertit beaucoup. On peut évoquer aussi tous les pays pauvres où l'on investit dans le football et les stades des sommes dont auraient bien besoin la Santé publique ou l'Éducation.

La violence et la démagogie sont pourvoyeuses d'une autorité peu digne et peu fiable.

Les manières de rendre fiable l'autorité que l'on doit imposer

Bien connaître les fondements de son autorité, et donc sa légitimité, est indispensable pour l'imposer et réfuter son éventuelle contestation. Ainsi, l'enseignant a une autorité fondée sur son savoir ; aussi est-il indispensable qu'il soit savant dans la ou les disciplines qu'il doit enseigner, pour ne laisser aucun doute sur ce qui fonde son autorité. L'autorité de l'arbitrage sportif repose aussi sur des bases claires qu'établissent des règles incontestées.

Mais la légitimité de l'autorité n'est pas ce à quoi sont le plus sensibles des jeunes. C'est pourquoi la réflexion de Gaston Bachelard, défenseur d'une « pédagogie dialoguée », paraît apporter d'utiles propositions à tout éducateur ne se contentant pas du « qui enseigne commande ». Bachelard recommande une surveillance intellectuelle de soi dans l'exercice de l'autorité, afin d'éviter ce qu'il appelle une « coulée d'instincts ». Cette modération, cette prise de distances, maintiennent celui qui exerce son autorité dans l'idée qu'il ne le fait que parce qu'elle est utile. D'autre part, elles instaurent un contexte où dialogue, écoute et autorité peuvent coexister. Pour l'éducateur qui doit imposer des contraintes à des adolescents, sinon insoumis, du moins indisciplinés, il convient de savoir associer consigne et discussion, c'est-à-dire établir une autorité argumentée. Il faut parvenir, devant des jeunes plutôt révoltés, à se faire obéir et en même temps se faire pardonner son autorité ; il faut leur laisser le sentiment de leur liberté.

La force de l'autorité la plus saine vient de la capacité de convaincre.

Conclusion

En dehors du cas particulier qu'est le commandement militaire, bien user de son autorité c'est l'imposer sans autoritarisme, avec la légitimité de la nécessité et les recours de l'argumentation. La réussite pour qui ordonne, c'est d'être obéi par une personne qui se sent tout à la fois libre et convaincue.

SUJET 9 Bourgogne I

Durée : 1 heure

À la question de l'éducateur sur les raisons qui la poussent à fuguer de l'institution où elle est placée, une adolescente répond :

« *Tout d'abord si on fugue, c'est parce qu'on est très mal dans sa peau. Moi, personnellement, je voulais que ma mère sache que j'existe, et qu'elle me montre qu'elle m'aime, sinon, je voulais grandir plus vite et découvrir beaucoup de choses. Mais tout ce que j'ai découvert, c'est la galère.*

Je me suis calmée un peu et puis je suis repartie. Je ne voulais plus être au foyer et surtout, je voulais être libre ».

Si vous étiez l'éducateur, que répondriez-vous à cette jeune fille ? Imaginez le dialogue avec elle et les arguments que vous développeriez. (20 POINTS)

CORRIGÉ

L'éducateur qui a écouté les raisons que la jeune adolescente a données de ses deux fugues va les exploiter en montrant à la jeune fugueuse qu'il ne s'inquiète pas trop devant son cas. En effet, elle semble être très consciente de ce qu'elle fait en fuguant et analyse très bien les motifs et les conséquences de sa conduite.

Mettre en valeur l'adolescente

Être capable de dire que sa fugue exprime un appel du cœur, une curiosité de l'esprit et une revendication de liberté, et savoir inscrire cela sur la page noire de la « galère », c'est faire preuve de lucidité, de finesse, d'honnêteté intellectuelle. Mais mieux vaut exploiter toutes ces qualités et les utiliser pour une progression personnelle qui soit une progression d'avenir. Par exemple, les mobiliser pour bien s'évaluer soi-même et choisir des filières d'études ou de formation motivantes constitue une avancée assurée vers la vraie liberté, liberté sans « galère », dans deux ou trois années, avec des diplômes garantissant l'emploi et une vie sociale sécurisée.

Illustrer les bons traits qu'un tempérament fugueur peut révéler

Jean-Jacques Rousseau, Arthur Rimbaud se sont, très jeunes, d'abord exprimés par la fugue. Et heureusement arrêtés dans cette course dangereuse, ils ont l'un et l'autre sublimé l'originalité et l'indépendance du fugueur qu'il y avait en chacun d'eux. Rousseau a donné au monde la philosophie du *Contrat Social* et la pédagogie de l'*Émile* ; Rimbaud a d'abord révolutionné l'univers de la poésie, puis s'est construit un destin d'aventurier moderne dans le commerce africain. Il y a des fugueurs illustres, mais leur excellence se déploie après la fugue.

Réfléchir aux moyens de concilier les règles du foyer avec la soif de liberté et la nécessité de bien construire son avenir

Le foyer est une institution dont la règle principale est qu'on s'y domicilie sans fuguer. En la circonstance, les responsables du foyer peuvent encourager et accompagner une rencontre positive entre la jeune fugueuse et sa mère à qui elle dit avoir lancé un message à travers sa fugue. Des week-ends familiaux seraient de bons espaces de liberté pour la jeune adolescente.

On peut aussi trouver des activités encadrées mais divertissantes qui permettent de « prendre le large » et de « découvrir beaucoup de choses » sans avoir à « galérer » : le sport, l'art, la randonnée, l'archéologie... sont des thèmes d'activité que beaucoup d'associations proposent aux jeunes pour occuper leur temps de loisir. Il faut en choisir une qui représente un vrai plaisir. Il serait bon aussi de chercher si on peut s'investir dans son collège ou son lycée autrement que par la présence aux cours. Ainsi, un club théâtre est très mobilisateur, et monter un spectacle fait sortir des routines scolaires ; un club informatique initie à des pratiques d'avenir qu'il faut bien maîtriser et permet d'enrichir son potentiel de création et de communication. Quel que soit le club, il permet de connaître d'autres élèves que ceux de sa classe et il stimule sans soumettre à des évaluations quelquefois décourageantes.

En résumé, il s'agit de prendre quelques initiatives pour que les lieux que l'on trouve pesants et ennuyeux le paraissent moins parce que, grâce à sa réussite et aux bons choix de ses loisirs, on les aménage en simples lieux de passage.

SUJET 10 Bourgogne II

Durée : 3 heures

L'apprentissage de l'autonomie chez les enfants suppose que les parents et les éducateurs soient capables de leur apprendre à supporter la frustration. (20 POINTS)

1. À partir de votre expérience, comment concevez-vous l'éducation d'un enfant ?

2. Quels sont, à votre avis, les principes à respecter ?

Vous illustrerez vos propos par des exemples.

CORRIGÉ

Introduction

Depuis l'Antiquité, les plus grands penseurs s'attachent à réfléchir sur l'éducation des enfants. La littérature française nous a laissé trois grands noms dont la réflexion sur ce sujet s'est inscrite en des formules qui sont de vraies maximes pour les parents ou les éducateurs. Rabelais encourage à donner des savoirs encyclopédiques (« que je voie un abîme de sciences », *Pantagruel*), Montaigne à former le jugement (« plutôt la tête bien faite que bien pleine », *Essais*) et Rousseau à laisser apprendre dans le grand livre de la nature, par soi-même (« vivre est le métier que je lui veux apprendre », *Émile*). Les théories éducatives modernes se sont élaborées à partir de cette culture, de ses succès et de ses échecs, de ses apports et de ses insuffisances.

Aujourd'hui, la pensée éducative est devenue essentiellement empirique : il faut le plus possible s'adapter à l'enfant et à tout ce qui le constitue et l'environne.

Une éducation qui respecte l'enfant dans sa personnalité

Le respect de l'enfant s'exprime dans l'effort que sont prêts à faire ses parents ou les éducateurs pour le connaître, et à partir de là lui permettre d'épanouir toutes ses qualités sans être prisonnier de ses défauts ou faiblesses.

Les responsables de l'orientation scolaire voient souvent des parents tenir compte de leurs seules ambitions sociales pour le parcours scolaire de leurs enfants. Or, s'il est vrai que l'on peut « pousser » certains enfants, pour d'autres, les voies d'excellence choisies par la famille sont insoutenables et inintéressantes. Dans ce cas, faute d'avoir bien analysé les capacités et les centres d'intérêt de l'enfant, on provoque très tôt la situation d'échec et l'on encourage une attitude d'abandon.

Le respect par la connaissance signifie aussi que l'on déploie tous les efforts nécessaires pour se tenir informé de ce que la société offre comme voie de réussite pour le profil de l'enfant dont on a en charge l'éducation. On remplit ce devoir d'information en s'entretenant avec les responsables du monde scolaire qui en sont les spécialistes, les conseillers d'orientation ou d'éducation. On dispose en effet dans nos sociétés de tout un réseau de compétences pour bien connaître l'enfant et ainsi bien l'éduquer, bien l'orienter dans la vie qui s'ouvre à lui.

Une éducation qui apprend à l'enfant à respecter les grandes valeurs altruistes et sociales

Pour bien éduquer un enfant il faut être convaincu que le laxisme exprime moins la bienveillance des éducateurs que leur paresse ou leur inconscience ; l'éducation représente bon nombre d'actions directives.

La première de ces actions à l'égard des plus petits est de leur apprendre à repérer et éviter les dangers. Mais, dès l'école maternelle il faut aussi les initier à des valeurs altruistes et de convivialité propres à forger un profil social sans repli et sans agressivité. Si les actes de petite délinquance sont appelés aujourd'hui « incivilités », c'est parce que les pédagogues et les sociologues ont voulu faire comprendre la lacune éducative dont souffrait notre système scolaire, qui formait le futur adulte, mais non le futur citoyen. D'où la réintroduction de l'instruction civique dans les programmes des collèges et des lycées. Il faut apprendre le plus tôt possible à l'enfant le sens de l'intérêt collectif afin qu'il le respecte spontanément.

Une éducation qui donne le goût d'apprendre et d'agir

Une bonne éducation, en s'appuyant sur une authentique connaissance du jeune et une solide initiation aux valeurs sociales, doit se fixer deux objectifs : développer le goût d'apprendre et le goût d'agir. Ces deux objectifs servent l'objectif dominant d'un projet éducatif : la réussite du jeune.

Pour l'entrée dans la vie professionnelle, il est indispensable de disposer de tous les savoirs de base et d'aborder un métier avec la capacité d'y progresser. Or, il ne s'agit pas d'une évidence pour tous ; l'illettrisme, « inaptitude à lire et à comprendre un texte court », est un handicap scolaire trop répandu chez les plus défavorisés et un grave facteur de chômage.

Les jeunes doivent également être préparés au temps des promotions et des changements professionnels ; dans la plupart des secteurs, il convient de montrer dynamisme et faculté d'adaptation. L'effort entrepris pour enseigner les langues vivantes dès l'école primaire est en rapport avec cette mobilité de l'emploi. C'est ainsi que les hôpitaux français recrutent en ce moment les infirmières espagnoles et que l'Allemagne ouvre ses frontières aux informaticiens de tous les pays.

Conclusion

Éduquer un enfant, c'est lui donner confiance en lui, le socialiser et l'instruire pour sa réussite d'adulte. Un projet d'éducation est d'une certaine façon un projet de bonheur individuel et collectif. Un tel enjeu relève pour beaucoup de la morale et de la politique.

SUJET 11 Champagne-Ardenne I

Durée : 1 heure 30

Répondez aux questions suivantes en rédigeant vos réponses. Pour vous aider, nous vous conseillons d'y répondre dans l'ordre.

1. Qui est l'auteur du texte ? (0,5 POINT)

2. À quelle personne le texte est-il écrit ? Le narrateur est-il l'un des personnages de l'histoire ? (0,5 POINT)

3. Combien y a-t-il de personnages (nommés ou non) ? Qui sont-ils ? (1,5 POINT)

4. À quel moment se déroule la scène ? Dans quel endroit pourrait-elle se dérouler ? (1 POINT)

5. Relevez trois mots, en excluant les pronoms personnels, désignant le personnage principal. Apportent-ils des informations précises sur sa véritable identité ? (2 POINTS)

6. Dans le premier paragraphe, quelle sensation éprouve le personnage ? Relevez quatre mots ou expressions pour justifier votre réponse. (1,5 POINT)

- Quels sont les temps employés dans ce premier paragraphe ? Justifiez leur emploi. (2 POINTS)

7. À partir du deuxième paragraphe un changement brutal intervient. À quel temps sont les verbes qui expriment ce changement ? (0,5 POINT)

- Expliquez ce changement de temps. (0,5 POINT)
- Quelle sensation nouvelle ressent-il ? (1,5 POINT)

8. Expliquez le sens de l'image « ses rivages familiers » dans la phrase suivante : « un courant qui l'attirait loin de ses rivages familiers », ligne 14. (1 POINT)

9. Dans les lignes 8 à 12 et 22 à 23 :

- À quelle conclusion le personnage parvient-il ? (0,5 POINT)
- En quoi cette conclusion est-elle paradoxale par rapport à sa véritable situation ? (1 POINT)

10. La fin du récit est-elle celle que l'on attendait ? Justifiez votre réponse en expliquant pourquoi. (1 POINT)

11. Réécrivez le premier paragraphe en remplaçant « Lucien » par le pronom personnel « je », qui désigne une fille. Faites toutes les modifications nécessaires. Attention aux fautes de réécriture. (5 POINTS)

Lucien

Lucien était douillettement recroquevillé sur lui-même. C'était une position qu'il lui plaisait de prendre. Il ne s'était jamais senti aussi détendu, heureux. Tout son corps était au repos et lui semblait léger. Une plume, un soupir, comme une existence. C'était comme s'il flottait dans l'air ou peut-être dans l'eau. Il n'avait absorbé aucune drogue, usé d'aucun artifice pour accéder à la plénitude[1]. Lucien était bien dans sa peau, heureux de vivre. Sans doute était-ce là un bonheur un peu égoïste. ▶

1. Plénitude : sentiment de bien-être.

▶ Une nuit, le malheureux fut réveillé par des douleurs épouvantables. Il se sentit pris dans un étau, écrasé par le poids de quelque fatalité[1]. Quel était ce mal qui lui fondait dessus ? Et pourquoi sur lui plutôt que sur un autre ? Quelle punition lui était infligée ? C'était comme si on l'écartelait. On brisait ses muscles à coups de bâton. « Je vais mourir » se dit-il.

Il ferma les yeux et s'abandonna à la douleur. Il était incapable de résister à ce flot qui le submergeait ; un courant qui l'attirait loin de ses rivages familiers. Il n'avait plus la force de bouger. C'était comme si un carcan[2] l'emprisonnait de la tête aux pieds. Il se sentait attiré vers un inconnu qui l'effrayait déjà. Il lui sembla entendre une musique abyssale[3]. Sa résistance faiblissait. Le néant l'attirait.

Un sentiment de solitude l'envahit. Il était seul dans son épreuve. Personne ne pouvait l'aider. C'était en solitaire qu'il allait franchir le passage. Il ne pouvait en être autrement.

Ses tempes battaient, sa tête était traversée d'ondes douloureuses. « C'est la fin », se dit-il encore. Il lui était impossible de faire un geste.

Un moment, la douleur fut telle qu'il crut perdre la raison et soudain ce fut comme un déchirement en lui. Un éclair l'aveugla. Non, pas un éclair, une intense et durable lumière plus exactement. Un feu embrasa ses poumons. Il poussa un cri strident. Tout en l'attrapant par les pieds, la sage-femme dit : « C'est un garçon. »

Lucien était né.

Claude Bourgeyx, « Lucien », in *Les petits Outrages*,
Éd. Le Castor Astral, 1984.

CORRIGÉ

1. Claude Bourgeyx.

2. Le texte est écrit à la 3e personne. Le narrateur est extérieur au récit et n'en est donc pas un personnage. La voix narrative est extradiégétique.

3. Le narrateur raconte une naissance du point de vue de l'enfant qui naît. Le récit construit ainsi une scène à trois personnages : l'enfant, Lucien, sa mère (pas nommée, présence implicite et induite) et la sage-femme.

4. La scène se déroule dans la phase finale de l'accouchement. Le lieu de cette scène peut être une salle de travail dans un service hospitalier de Maternité. Ce peut être aussi une chambre dans un logement privé, les sages-femmes se déplaçant parfois au domicile de leurs patientes.

---

1. Fatalité : nécessité, événement qui doit arriver.

2. Carcan : (anciennement) collier de fer fixé à un poteau pour y attacher par le cou un criminel ; (figuré) ce qui serre le cou.

3. Abyssale : des abîmes, des grandes profondeurs.

5. « Lucien », « le malheureux » et « un garçon » sont les trois mots qui désignent le héros en dehors des pronoms personnels. Ils se chargent de peu d'indices au fil du récit ; seul le dernier vient préciser un âge : l'âge du premier cri, des premiers instants de la vie.

6. Le sentiment du personnage qu'évoque le premier paragraphe est un sentiment de « plénitude » heureuse : « détendu », « heureux », « tout son corps était au repos et lui semblait léger ».

- Le récit est au passé. Le temps du passé employé est l'imparfait car le propos s'attache à décrire un état durable.

7. Le deuxième paragraphe associe le passé simple et l'imparfait.

- Le passé simple sert à exprimer une rupture brutale dans l'état du personnage alors que l'imparfait sert à exprimer le style indirect libre dans un récit au passé.
- Ce jeu temporel accompagne une sensation de malaise et d'angoisse chez le personnage.

8. Le narrateur fait parler son personnage par rapport à son univers fœtal, milieu d'eaux (rivages familiers) et de sang (courant) au moment de l'accouchement.

9. L'analyse que fait le personnage de ses sensations le porte à conclure qu'il subit une fin fatale, qu'il meurt.

- Cette perception de mort au moment d'entrer dans la vie souligne le paradoxe de la naissance qui pour le nouveau-né est une rupture brutale et douloureuse avec un milieu physiologique et anatomique qui le protège.

10. La fin constitue un coup de théâtre pour le lecteur. En effet, alors que la suite du récit s'est construite sur un schéma narratif de catastrophe imminente, le dénouement de la crise impose de relire cette suite comme un événement des plus heureux : la naissance d'un enfant.

11. J'étais douillettement recroquevillée sur moi-même. C'était une position qu'il me plaisait de prendre. Je ne m'étais jamais sentie aussi détendue, heureuse. Tout mon corps était au repos et me semblait léger. Une plume, un soupir, comme une existence. C'était comme si je flottais dans l'air ou peut-être dans l'eau. Je n'avais absorbé aucune drogue, usé d'aucun artifice pour accéder à la plénitude.

SUJET 12 Île-de-France

Durée : 3 heures

EXPLICATION (5 POINTS)

« Là où la force est employée, l'autorité proprement dite a échoué. »

Hannah ARENDT

Comment comprenez-vous cette citation ?

DISCUSSION (15 POINTS)

En vous appuyant sur votre expérience personnelle et/ou professionnelle, dans un développement structuré (introduction, développement, conclusion), apportez votre réflexion sur la notion d'autorité dans notre société actuelle.

CORRIGÉ

EXPLICATION

Pour Hannah Arendt, d'après cette citation, l'autorité est la capacité d'obtenir l'obéissance sans recourir à la force. On peut, à partir de là, réfléchir à ce qui peut se substituer à la force. L'action prescrite aujourd'hui aux enseignants et aux éducateurs présente les substituts les plus crédibles et les mieux éprouvés et évalués. Dans ces métiers, l'autorité trouve sa légitimation et sa pleine efficacité dans le savoir et dans l'écoute réciproque. Le savoir du spécialiste inspire confiance s'il se déploie après s'être mis à l'écoute de son public et avoir compris ses attentes et son niveau. C'est ainsi que même l'autorité de l'État prétend largement et durablement se fonder sur ce type d'autorité fondée sur la confiance plutôt que sur la crainte des forces répressives, la peur du gendarme. Le pouvoir politique recourt à l'instruction civique qui tend à faire comprendre aux jeunes, par la connaissance approfondie des institutions, la force et la supériorité des principes de gouvernement démocratique. On cherche de plus en plus à développer une citoyenneté d'adhésion, propre à reconnaître comme utile et naturelle l'autorité de l'État, en ayant appris que celui-ci est l'émanation de la souveraineté populaire, qu'il prend en charge le bien public et qu'il est contrôlable.

Cette citation induit une forme d'autorité qui exclut autant la tyrannie que le simple autoritarisme.

DISCUSSION

Introduction

Notre temps semble une époque fâchée avec l'autorité, mais laisse entendre bien des voix qui en disent leur nostalgie et rêvent de la voir redevenir une vertu respectée. En fait, sa contestation s'est installée en préjugé dominant, en thème de ce que l'on appelle la pensée unique, dispensée par les élites qui font l'opinion, alors même qu'il existe une majorité silencieuse mais impuissante qui pense le contraire. Lever le malentendu entre les tenants de la norme anti-autoritaire et ceux de la restauration de l'autorité serait possible si l'on arrivait à se mettre d'accord sur une nouvelle définition du concept qui tienne compte des abus à proscrire et des règles à prescrire.

Deux types d'abus à proscrire

Qui voudrait s'entendre sur une redéfinition moderne de l'autorité devrait recenser honnêtement les excès attachés à son règne passé et ceux développés par son absence. Il faut en fait ne pas s'accrocher à une restauration de l'ancienne autorité, mais réfléchir d'abord sur les causes de son déclin, tout en analysant sans complaisance les dégradations de la vie sociale, familiale et scolaire apportées par ce déclin. On doit ainsi proscrire la soumission et la violence, de même que le laxisme et la permissivité. Il faut éviter de confondre autorité et autoritarisme ainsi qu'épanouissement et absence de repères. En fait, il s'agit de se mettre d'accord collectivement sur ce que doit être la juste obéissance, le juste encadrement qui protège, éduque et rassure.

Une nécessaire évaluation des obstacles

Pour l'encadrement de la société adulte, il y a la loi. Dans les démocraties, son autorité est reconnue et protégée par diverses institutions, Justice, Conseil Constitutionnel, Conseil d'État, et en dernier ressort par le corps électoral, quand il est consulté par référendum ou pour renouveler les mandats du Législatif ou de l'Exécutif. Les obstacles à l'autorité de la loi existent cependant. En France, les limitations de vitesse sur les voies routières ont toujours besoin du renfort du gendarme ou du radar pour exercer leur autorité. La loi Gayssot (juin 1999) bien que sévère en matière de sécurité routière, a dû être repensée dans un sens plus rigoureux par la loi Perben II (mars 2004). Autrement dit, l'autorité des lois s'use très vite. Mais le pouvoir politique a toujours la possibilité de recourir à des lois plus sévères, avec bien sûr l'aval du corps électoral ou de ses représentants.

Les principaux obstacles à la légitimation de l'autorité se trouvent aujourd'hui dans la société des jeunes qui, soit dans le cadre familial, soit dans le cadre scolaire, soit dans le cadre public, évoluent selon les règles d'un bon plaisir qui peut compromettre leur avenir. L'encadrement éducatif des jeunes souffre d'une multitude d'incompétences ou d'illusions. Beaucoup de parents ne savent pas ou ne veulent pas gérer les humeurs de leurs enfants et capitulent en pensant qu'ils font bien, que c'est une preuve d'amour et de modernité affranchie. L'École reflète de façon aggravée ces déviances éducatives car elle les rassemble dans un espace public de moins en moins fermé et de plus en plus sous le contrôle des familles et des médias. On peut en quelque sorte y vérifier les effets pervers de l'Abbaye de Thélème et de la règle rabelaisienne « Fays ce que vouldras ». Sans les Thélémites, élite utopique, cette règle est fatale à un système éducatif qui, sans sélection, doit en dix ou douze ans donner à chaque génération les savoirs de base et les principales vertus citoyennes, apportant ainsi à la majorité des jeunes un niveau de savoir et de réflexion propre à garantir son avenir et sa promotion. L'obstacle que rencontre là l'École est juridique. Tout le personnel s'applique avec beaucoup de courage à maintenir le bon ordre, mais il ne dispose plus de l'autorité d'un règlement clair sur la tenue des élèves et leur assiduité. La loi scolaire, c'est le dogme du droit de l'élève à recevoir un enseignement, sans corollaire sur les obligations qui devraient s'y rattacher. Les règlements intérieurs des établissement produisent quelques beaux et fermes énoncés sur les devoirs des élèves, mais ce ne sont que des vœux pieux, et, pour les élèves et les familles qui signent ces textes, des engagements de pure forme.

Les prémices d'une nouvelle autorité dans le cadre scolaire

« Il est interdit d'interdire » n'est plus au goût du jour si l'on s'amuse à considérer la télé-réalité et le *Pensionnat de Chavagnes*. L'émission *Super Nanny* met les parents à l'école des justes et profitables sanctions. Ces indices médiatiques reflètent une réflexion en mouvement pour trouver un nouveau consensus sur l'autorité. L'enseignement public interprète la forte demande que font les familles pour inscrire leurs enfants dans le privé comme une demande de surveillance et d'autorité renforcées. Le rapport Thélot et la nouvelle loi d'orientation sur l'École posent les principes d'une culture du résultat induisant une nouvelle autorité légitimée par le savoir des maîtres, leur cohésion avec les intérêts de tous et de chacun et finalement par une perception tangible de leur utilité.

Il faut en fait, sans démagogie, reconnaître officiellement les valeurs éducatives de l'autorité mais une nouvelle autorité avec sa part négociable et sa part non négociable. Deux films récents ont par leur triomphe laissé supposer l'adhésion du grand public à ce type d'autorité : *Les Choristes* et *L'Esquive*. Chacun de ces films apporte une figure de professeur en situation finale de réussite avec sa classe, non point par la coercition mais par une cohésion finement gagnée. On y voit une forme d'autorité du maître touchante et efficace qui fédère les élèves et leur fait exprimer une excellence collective.

Conclusion

Au marché des idées et des images, l'autorité gagne du terrain. Mais il est exclu qu'on la décline en recourant à l'intimidation dont on sait depuis longtemps qu'elle nourrit des révoltes. Le nerf de l'autorité est aujourd'hui sa capacité à donner conscience à celui sur qui elle s'exerce qu'elle lui ménage des ouvertures et des avancées. C'est l'autorité telle que l'exerce l'entraîneur sportif et qui aide à croire au succès et y force parfois. Une autorité qui construit le lien social sans rupture avec le lien générationnel, mais « à voix haute ».

SUJET 13 Limousin I (novembre 2010)

Durée : 3 heures

DISSERTATION (20 POINTS)

Les enfants, c'est un fait reconnu, aiment la publicité. La clé du succès pour un annonceur va donc consister à promouvoir un produit tout en distrayant.

Comment alors éduquer l'enfant pour qu'il ne soit pas pris dans la spirale commerciale de la consommation ?

Comment transmettre des valeurs éducatives lorsque l'on est travailleur social ?

CORRIGÉ

DISSERTATION

Introduction

Le constat de l'attrait de la publicité pour les enfants et de sa capacité à susciter chez eux amusement et rêve inspire deux positions qui s'affrontent autour de thèmes et d'objectifs totalement opposés. D'un côté, les publicitaires se félicitent de bénéficier avec les enfants d'une cible facile à conditionner ; d'un autre côté, parents, éducateurs, consommateurs et spécialistes de l'enfance militent pour faire obstacle à l'exploitation de la naïveté et de la crédulité des plus jeunes par les spots publicitaires délivrés aux heures de grande écoute enfantine. Cette résistance à l'influence du média publicitaire sur le jeune public peut prendre appui sur quelques principes éducatifs qui pourront éviter à l'enfant d'être « *pris dans la spirale commerciale de la consommation* ». Elle se renforce dans une juste analyse des périls courus par l'enfant devant les séductions publicitaires et dans l'apprentissage de valeurs éducatives opératoires.

Les dangers à écarter

Les publicités destinées aux jeunes enfants sont identifiées comme la cause directe de deux dangers majeurs pour ceux-ci : de mauvaises habitudes alimentaires et une inadaptation au réel.

Éviter une « spirale commerciale de la consommation » qui met en danger la santé

Pour les professionnels de santé, la publicité alimentaire, très présente dans les magazines, les affiches de rue et surtout à la télévision sur les créneaux horaires du jeune public, constitue une nuisance majeure. Elle fait la promotion d'un type d'aliments vivement déconseillé pour une alimentation équilibrée qui seule préserve l'enfant du surpoids. Les aliments vantés dans les spots publicitaires les plus connus (céréales de petit-déjeuner, boissons sucrées, confiseries, snacks et fast-foods) éloignent d'autant plus de la connaissance des bonnes bases alimentaires qu'ils sont largement associés aux thèmes du jeu et du plaisir. C'est un type de publicité qui conditionne à des préférences alimentaires et à des comportements d'achat. Les études sur le rôle de la publicité dans les choix alimentaires des enfants mettent en évidence son influence indéniable sur un certain nombre de surconsommations dangereuses pour le bon équilibre alimentaire et pondéral des jeunes.

Éviter une « spirale commerciale de la consommation » qui éloigne du réel

La publicité s'ancre dans un réel totalement idéalisé et reste pour l'enfant un vecteur de rêve que son faible sens critique ne peut évaluer. Le monde idéal que laissent contempler affiches et spots décline l'effort humain vers le bonheur par la seule voie de l'achat d'un produit, d'un objet ou d'un service. Bonheur et consommation sont ainsi donnés comme indissociables. De plus, dans l'univers parfait que développe le message publicitaire règne une parfaite unanimité sur ce mode d'accès au bonheur individuel ou familial. Cette « pensée unique » est à la fois trompeuse et frustrante. Elle trompe l'enfant avec de fausses valeurs morales et sociales ; elle peut le frustrer en suscitant en lui des désirs impossibles à satisfaire.

Les moyens éducatifs à mettre en œuvre

Pour réduire, voire neutraliser ces risques, un effort doit être fait de la part des pouvoirs publics, des parents et de l'école.

Les pouvoirs publics ont fait signer récemment une charte pour promouvoir une alimentation et une activité physique favorables à la santé dans les programmes et les publicités diffusés à la télévision.

Les annonceurs ont pris là un double engagement :

- renforcer leur démarche « qualité » sur le contenu des messages avec l'actualisation des règles de l'ARPP (Autorité de régulation professionnelle de la publicité) sur la publicité alimentaire « enfants ». L'objectif est notamment de les adapter aux évolutions récentes des objectifs de santé publique fixés par les pouvoirs publics ;
- financer des programmes courts d'éducation adaptés au jeune public pour favoriser les bons comportements de vie, d'alimentation et d'activité physique.

Les parents ont à développer le regard critique de leurs enfants sur la publicité en général, mais tout particulièrement sur les publicités alimentaires. Ils doivent veiller à ce que l'argent de poche de leurs enfants ne soit pas dépensé sans discernement pour les sucreries ou gadgets les plus « à la mode ». Le rôle de prescripteur d'achats, souvent tenu par les très jeunes aujourd'hui, doit rester sous le contrôle des parents, eux-mêmes ne s'abandonnant pas aux séductions des publicités.

Les éducateurs et enseignants doivent eux aussi s'attacher à éveiller l'esprit critique des enfants qui leur sont confiés en leur donnant les moyens de repérer et d'analyser les stéréotypes autour desquels s'articule l'idéalisme social et familial porté par la publicité. Ils ont à les sensibiliser aussi à l'influence publicitaire sur leur alimentation. La portée de ce travail d'éveil et d'autonomie par rapport au matraquage publicitaire doit se renforcer en encourageant les jeunes à se faire en la matière les éducateurs de leur propre famille. Car très souvent, dans les milieux les moins favorisés, les moins instruits, parents et enfants sont également aliénés aux publicités alimentaires qui promeuvent des produits gras et sucrés, néfastes à leur alimentation. Ce sont encore les éducateurs et les enseignants qui sont les mieux armés pour faire comprendre aux enfants les pièges associés au pouvoir de l'image publicitaire, à savoir jeux, cadeaux et réductions.

Le rôle du travailleur social

Pour émanciper enfants et jeunes de l'aliénation publicitaire, le travailleur social doit rendre opératoires trois types de valeurs éducatives : celles portées par des savoirs économiques et médicaux, celles portées par le sport et celles portées par un idéal de progrès collectif.

Faire acquérir des savoirs

Le travailleur social doit favoriser l'accès à l'autonomie de la jeunesse qu'il encadre et soutient en offrant des lectures de presse ou de sites Internet qui éclairent de façon simple le jeu du mercantilisme dans les séductions publicitaires. Certaines activités de cuisine ou d'achat de provisions alimentaires pour la préparation d'un goûter ou d'une fête sont d'excellents modes d'acquisition des savoirs diététiques nécessaires pour le bon équilibre alimentaire.

Faire acquérir des comportements

Les valeurs éducatives liées au sport sont utiles aussi au travailleur social pour forger chez les jeunes le sens de l'effort sur soi et de l'autonomie qui sont des atouts majeurs pour dépasser les mimétismes et le suivisme qu'engendrent les manipulations des techniques publicitaires. Le sport nourrit l'esprit de résistance et de compétition.

Faire acquérir un idéal social

Il importe que le travailleur social, soucieux de mettre des jeunes en dehors de « la spirale de la consommation », essaie de développer, chez ceux qu'il encadre dans telle ou telle activité, un esprit militant pour servir les bonnes causes de santé publique et de régulation sociale. Le travailleur social doit relativiser la force publicitaire en facilitant l'accès à des valeurs sociales qui préservent du surendettement et des précarités conséquentes, situation souvent observée dans les milieux où il évolue.

Conclusion

Le matraquage publicitaire du public infantile est rentable : l'enfant, prescripteur et futur consommateur, est devenu une cible privilégiée. Les programmes destinés à la jeunesse, censés faire rire ou rêver, sont utilisés pour conditionner les jeunes esprits à enregistrer les spots publicitaires comme des incitations incontournables à la consommation.

Pourtant, des réponses existent pour neutraliser ou affaiblir ces mécanismes mercantiles. Les travailleurs sociaux peuvent en être d'efficaces stratèges.

SUJET 14 Limousin II (novembre 2010)

COMMENTAIRE DE TEXTE (20 POINTS)

Vous analyserez et commenterez le propos de l'auteur, puis vous développerez votre point de vue en argumentant vos positions.

Les clés pour réussir

Repérer les adverbes qui instaurent la force critique du texte et son mouvement d'objection (*abusivement, illégitimement*).

« Il faut se méfier de l'effet grossissant de la loupe médiatique. La probabilité par exemple qu'une adolescente fasse une crise d'anorexie ou de boulimie est infinitésimale : 2 % au total. Je ne nie pas les soucis. Je prétends même que 100 % des garçons et des filles rencontrent effectivement à l'adolescence une crise, mais que celle-ci est de nature sociale, familiale, scolaire, ou liée à une inquiétude sur l'avenir professionnel. Ce que je crois, c'est que si l'adolescent peut rencontrer un certain nombre de troubles, ils ne sont pas suffisants pour être qualifiés de pathologiques. J'appelle adolescent heureux un individu qui construit sa vie pas à pas, réussissant ou se trompant à l'occasion. Ce qu'on nomme encore abusivement et illégitimement la "crise d'adolescence" n'est en réalité qu'un problème relationnel, à savoir la non-satisfaction chez l'adolescent de ses besoins capitaux, le principal d'entre eux étant l'autonomie. La grande découverte de l'adolescent, c'est qu'il peut penser par lui-même et donc différemment de son entourage. »

« Le plus bel âge de la vie », entretien avec Michel Fize, dans *Qu'est-ce que l'adolescence ?*, Auxerre, Sciences humaines éditions, 2009.

CORRIGÉ

COMMENTAIRE DE TEXTE

Introduction

Ce texte propose une vision rassurante de l'adolescence, très éloignée de la vision traditionnelle de « l'âge ingrat ». Il porte en filigrane une sorte de contre-portrait de l'adolescent « mal dans sa peau » et réfute ainsi de façon quelque peu provocante bien des vérités observées et largement médiatisées.

Une vision rassurante

Ce texte s'efforce de balayer les effets grossissants de la « *loupe médiatique* » à propos des graves maladies de l'adolescence. Pour Michel Fize, les 2 % d'anorexiques ou de boulimiques que peut compter la classe d'âge des adolescentes ne sont qu'un épiphénomène. Le texte reformule les divers aspects du comportement des adolescents en des termes sans rapport avec une crise pathologique. Le terme « *crise* » sert dans le texte à n'être que le simple synonyme du mot « *soucis* ». Les précisions qui viennent éclairer ensuite cette équivalence réductrice se rapportent toutes à ce que l'on peut appeler la banalité des soucis quotidiens pour un adolescent : situation, famille, école, avenir.

Un contre-portrait de l'adolescent « mal dans sa peau »

Le texte instaure ainsi l'idée que le vrai portrait de l'adolescent ne se réfère pas à la figure tourmentée et exaltée que, depuis le *René* de Chateaubriand, construisent et précisent les arts (littérature et cinéma) et les sciences (médecine, psychanalyse). Les traits de l'adolescent qui apparaissent dans ce texte contribuent à donner une définition de l'adolescent à l'opposé des traditionnelles définitions romantiques et sombres : « *J'appelle adolescent heureux un individu qui construit sa vie pas à pas, réussissant ou se trompant à l'occasion.* » Le texte insiste sur la force de cet âge : la découverte et la conquête de l'autonomie.

Une contestation provocante

Ce texte est dérangeant dans ce qu'il conteste. Il s'oppose en termes explicites à la vision largement médiatisée et partagée de l'adolescence. La crise de l'adolescence y est contestée comme une mystification et une enflure verbale illégitime pour décrire un simple « *problème relationnel* ». Il vient heurter ainsi certaines idées reçues, mais surtout marginaliser ce sur quoi la plupart des autorités et institutions socioscientifiques tirent le signal d'alarme : la progression chez les adolescents des conduites addictives, de la violence, de l'opposition à l'école, des troubles du comportement alimentaire. En fait ce texte induit la responsabilité des parents et non celle de l'adolescent dans le mal-être de cet âge. C'est à eux de bien prendre leurs « ados » comme des êtres autonomes capables de penser par eux-mêmes.

Conclusion

Ce texte est apaisant dans l'image qu'il propose de l'adolescence. Mais il prend en fait des positions polémiques en direction des éclairages rarement contestés que propose depuis fort longtemps tout un réseau d'élites intellectuelles et scientifiques.

SUJET 15 Limousin III (novembre 2009)

Durée : 3 heures

DISSERTATION (20 POINTS)

Vous développerez une réponse à la question posée par l'auteur en argumentant votre point de vue.

Les clés pour réussir

Être attentif au rapport de sens entre « mise à distance du corps » et « marivaudage », c'est-à-dire aux effets d'illusion théâtrale générés par la télérelation.

« Phénomène en pleine explosion, les rencontres en ligne font franchir un pas à la mise à distance du corps, caractéristique de nos sociétés contemporaines. Derrière ses aspects ludiques, ce marivaudage pose une question fondamentale : qu'est-ce qu'une relation ? »

Pascal Lardellier, *Sciences humaines*, n° 200, janvier 2009.

CORRIGÉ

DISSERTATION

Introduction

Les sites de rencontres (SDR) sur Internet et autres plateformes de discussion en ligne sont devenus un phénomène de société majeur. Y retrouver des aspects du jeu amoureux qu'est le marivaudage se justifie dans la définition et les causes sociales du nouveau type de relations qui est engendré.

Définition : une relation avec mise à distance du corps

Les nouveaux modes de rencontre et de séduction par l'intermédiaire d'Internet sont des outils de communication et de relation qui mettent à distance le corps, n'imposant que les modes opératoires de l'interconnexion.

Depuis la fin des années 1990, le Net a connu un engouement incroyable pour interconnecter des millions de personnes cherchant quelqu'un à aimer. Un immense club du célibat s'est constitué avec Meetic, Netclub, Match. com, Amoureux.com, des SDR qui ont connu un essor incroyable.

Les modes opératoires de ces relations par voie d'ordinateur, de smartphone ou de tablette électronique ont pour commencement non les hasards de la vie, mais un branchement méthodique avec pseudo, fiche de présentation de la personnalité et de la quête, et, généralement, une photo. Ensuite, on dispose d'une boîte aux lettres électronique, et l'on peut se lancer alors dans un jeu de messagerie galante. La pratique de ce type de relations est si absorbante, voire aliénante, que certains spécialistes la décrivent comme une addiction au branchement.

Internet transforme profondément le champ relationnel. Loin des contraintes sociales, protégés par l'écran, par un pseudo et par la virtualité des corps, les internautes en quête amoureuse peuvent se permettre bien des audaces. Les timides peuvent se sentir décomplexés. Sur le Net, pas d'œil intimidant. Par ailleurs, rien n'interdit le zapping amoureux et la drague plurielle par le jeu du « *supprimer* » et du « *copier/coller* ».

Explication : un mode de relation en réponse à des difficultés contemporaines croissantes et à l'esprit du temps

Ces rencontres « à distance » que facilitent les nouvelles techniques du Net s'expliquent dans leur progression constante par le nombre toujours croissant de célibataires, deux fois plus nombreux qu'il y a trente ans (actuellement 15 millions environ en France). Leur progression met en évidence une crise de la rencontre amoureuse. Mais entre en jeu aussi, pour expliquer ce recours à la Toile, la banalisation de la notion de harcèlement qui instaure un contrôle social et juridique propre à dissuader d'une galanterie trop directe et trop visible.

On ne peut manquer d'ajouter à ces premières explications, l'esprit du temps, parfaitement conditionné pour promouvoir un « marketing amoureux » très performant qui assure aux relations « numériques » discrétion, sécurité et « sur mesure ». Le partenaire idéal, en parfaite adéquation avec ses goûts physiques, moraux et culturels, semble aujourd'hui une sélection quasi exclusive des SDR.

Conclusion

Internet a instauré une « télérelation » qui a la capacité de produire, par l'écrit, l'image et la voix, des aventures et des histoires d'amour, mais sans nul engagement. Ce mode de relation galante, désincarnée et prudente, où l'on peut rester sur son quant-à-soi, fonctionne pour les bataillons de célibataires que connaît notre temps comme un vecteur de divertissement et de compensation, autrement dit un vecteur de marivaudage. Ainsi est instauré en masse le principe de la relation virtuelle.

SUJET 16 Limousin IV (novembre 2009)

COMMENTAIRE DE TEXTE (20 POINTS)

Commentez ce texte en dégageant les idées principales et donnez votre point de vue sur cette problématique sociale.

Les clés pour réussir

Bien voir la progression et l'aggravation de sens entre « enchaînement » et « engrenage ».

L'exclusion sociale

« Ce phénomène, c'est l'accumulation, l'enchaînement des revers qui précipitent un individu ou une famille entière dans le dénuement et parfois dans la rue : perte de l'emploi, perte des revenus, deuil, divorce, séparation, perte du logement... De cet enchaînement résultent l'exclusion, la mise à l'écart de tout un réseau d'échanges sociaux et affectifs, une perte des repères, une incapacité à se projeter dans l'avenir. C'est ainsi que ceux que l'on appelle aujourd'hui les "exclus" n'expriment plus ni demandes, ni projets. Ils ne parviennent plus à faire valoir leurs droits, à exercer leurs responsabilités d'hommes et de citoyens. N'existant plus dans le regard des autres, ils finissent par ne plus exister dans leur propre regard.

C'est pourquoi l'un des éléments dont ils souffrent le plus, à mon sens, est cette "maladie du lien" qui les mure dans le silence et qu'il est si difficile de soigner. Car nous entrons là dans un véritable engrenage. Plus les liens sont brisés, plus les gens sont désocialisés, moins ils manifestent le désir de se soigner et plus nos institutions sont, par un curieux paradoxe lié à leurs performances très "techniques", sourdes et aveugles à ce symptôme. »

Xavier Emmanuelli, ex-secrétaire d'État à l'action humanitaire, *Le Monde*, 15 avril 1997.

CORRIGÉ

COMMENTAIRE DE TEXTE

Introduction

Cet article de presse de Xavier Emmanuelli s'attache à définir l'exclusion, qui frappe en France plus de 3 millions de personnes, comme *un processus de rupture avec la société et avec soi-même*. Ce processus est analysé autour de trois idées qui induisent de nouvelles formes de prise en charge de l'exclusion.

Les trois idées dominantes du texte

- Rappel des trajectoires menant à l'exclusion : un enchaînement de revers.
- Effets cumulatifs des pertes de lien social : mise à l'écart, perte des repères, incapacité de se projeter dans l'avenir, déni de soi. L'exclusion sociale fait l'exclusion de soi.
- Le syndrome de la « maladie du lien » : un engrenage de désocialisation incompris des modes d'assistance des pouvoirs publics.

Les nouvelles formes de prise en charge de l'exclusion induites par le texte

L'exclusion est ici analysée non comme un état mais comme un processus, un syndrome de désocialisation devant lequel on observe l'inadéquation des systèmes de protection sociale mis en place par les pouvoirs publics.

À partir de cet article on est invité à repenser la prise en charge de l'exclusion dans un sens au moins autant médical que social. Il y a, nous dit le texte, « maladie du lien » et des « symptômes » à observer et à soigner. Il faut particulièrement soigner le déni du besoin de soins, symptôme d'une désocialisation maximale.

Cette approche clinique de l'exclusion laisse envisager la place que doivent prendre les thérapies neuropsychiatriques dans l'aide à apporter aux exclus. Il semble très important, dans cette perspective d'assistance médicale, de bien connaître les phases successives de l'« engrenage » et d'accorder en conséquence beaucoup de temps à la thérapie de la parole, du récit de vie et de son analyse. Il s'agit en fait de soigner l'exclusion comme on le fait pour les victimes de guerre ou d'attentats. Il faut traiter l'exclusion non comme pauvreté et marginalité, mais comme blessure psychique dont la thérapie demande beaucoup de temps et d'échange.

Conclusion

Cet extrait d'article souligne que l'exclusion est plus un processus qu'un état et que l'on ne peut y remédier par des modes d'assistance uniformes et collectifs, comme on le fait aujourd'hui. Xavier Emmanuelli invite son lecteur à concevoir une profonde individualisation de l'aide à apporter aux exclus.

SUJET 17 Limousin V

Durée : 3 heures

Dans nos sociétés modernes, l'exclusion n'est pas seulement l'état d'une personne qui manque de biens matériels ou de ressources économiques, elle correspond également à un statut social spécifique inférieur et dévalorisé, marquant profondément l'identité de ceux qui en font l'expérience.

Commentez cette affirmation en vous appuyant sur votre expérience et/ou les observations que vous avez pu faire. **(20 POINTS)**

CORRIGÉ

Introduction

La sociologie moderne, telle qu'elle s'est définie au XXe siècle a abandonné le lexique de la pensée humanitaire du XIXe siècle pour nommer les difficultés matérielles et sociales de la population la plus démunie. Le sociologue contemporain a pris quelques distances avec le vocabulaire de Victor Hugo ou celui d'Eugène Sue. Il explore cependant les mêmes réalités, mais avec des termes plus explicatifs. Ainsi les mots « exclusion » et « exclu », ont eu le mérite d'attacher l'idée de pauvreté à un nouveau concept plus efficace pour l'analyse des causes et des effets des situations sociales les plus fragilisées et les plus dégradées.

Les différents aspects de l'exclusion

Le concept d'exclusion s'est développé dans les années soixante pour désigner la situation d'individus victimes du chômage, dans une période d'expansion économique et de progression du niveau de vie pour la majorité de la population française. À la fin d'une période que l'on appelle aujourd'hui avec nostalgie « les Trente glorieuses », le terme « exclusion » s'est chargé d'un sens plus large, impliquant les conséquences du chômage de longue durée : la précarité économique, la perte du lien social, la disqualification en matière de production et de consommation. Le mot évoque aujourd'hui un cumul de handicaps et d'interactions aggravantes. L'exclusion se définit désormais en étroite association avec les notions de pauvreté et de précarité : manque d'argent, chômage ou emplois précaires et mode de vie assisté. Les plans gouvernementaux qui se sont attachés à la question de l'exclusion ont étroitement coordonné « exclusion » et « pauvreté ». En 1998 a été créé un *Observatoire national de la pauvreté et de l'exclusion sociale* ; en 2003 il y eut un secrétariat d'État à la lutte contre la précarité et l'exclusion. Le langage populaire a fait la synthèse des différents aspects de l'exclusion dans la métaphore de la « galère ».

Exclusion et discrimination

L'exclusion est discriminante et peut priver des droits qui socialisent les individus. Elle fragilise et compromet le droit d'accès à la propriété et au crédit, le droit aux normes de vie confortable pour soi et sa famille (nourriture, santé, éducation, logement, loisirs), mais surtout le droit au travail, essentiel pour un statut social valorisant, mais aussi pour un bon équilibre individuel et psychologique. Les droits particuliers auxquels elle donne accès ont souvent des effets d'enclavement. L'exclusion et les moyens d'assistance publique développés contribuent à instaurer l'idée que les exclus constituent une catégorie spécifique de la population avec ses sous-catégories (SDF, « Sans-papiers », « famille monoparentale », etc.). La multiplicité des associations, les aléas des financements, les actions « saisonnières » de soutien et de protection entretiennent le particularisme des dispositifs d'assistance et éloignent leurs bénéficiaires d'un statut rattaché à des droits sociaux ordinaires et valables pour tous. Le monde scolaire, avec ses ZEP, a inscrit la discrimination positive comme un principe fondateur de la politique à conduire dans la lutte contre les fatalités scolaires de l'exclusion. Les résultats ont largement produit l'effet inverse, c'est-à-dire la ghettoïsation des établissements scolaires inscrits en ZEP. Il faut maintenant envisager une discrimination positive à l'échelon de l'enseignement supérieur, les ZEP n'étant parvenu ni à faire marcher suffisamment « l'ascenseur social » ni même à garantir l'inclusion des jeunes sortant du système scolaire.

La spirale de l'exclusion

L'INSEE mesure de trois façons l'exclusion : la pauvreté monétaire, la pauvreté d'existence et la pauvreté subjective. De 8 à 10 % des foyers répondent à deux de ces critères ; 2 % cumulent les trois formes de pauvreté. C'est là une marginalité de sans-diplômes, de familles monoparentales, de personnes seules faiblement insérées sur le marché du travail et de personnes souffrant de handicaps de santé. Ces critères servent surtout à évaluer la pauvreté, mais au niveau de l'analyse de l'exclusion il convient d'ajouter le critère de la pauvreté disqualifiante. La déchéance matérielle, même relative, et la dépendance inéluctable à l'égard des mécanismes d'assistance induisent chez ceux qui vivent ces situations le sentiment d'être pris dans un engrenage menant à l'inutilité sociale. Refoulés de la sphère productive, ils deviennent dépendants des institutions d'action sociale, tout en connaissant progressivement de plus en plus de difficultés. Il ne s'agit pas, pour la plupart d'entre eux, d'un état de misère stabilisé, mais d'un processus pouvant impliquer des variations soudaines du niveau de vie. À la précarité face à l'emploi peuvent s'ajouter plusieurs handicaps : faiblesse du revenu, médiocrité des conditions de logement et de santé, fragilité de la sociabilité familiale et des réseaux sociaux d'aide privée, participation incertaine à toute forme de vie sociale institutionnalisée. Par voie de conséquence, les jeunes, issus de ce milieu, ont une scolarité de plus en plus difficile. Pour diverses raisons les parents restent en marge de leur scolarité : barrière de la langue, illettrisme, manque d'autorité parentale. En outre, les rapides changements qui affectent la société rendent plus compliquée l'adaptation des écoles, qui peinent à bien former les jeunes qui vivent dans des quartiers marqués par l'exclusion sociale. Dès lors, les jeunes, combinant échecs et absentéisme scolaires, ne parviennent pas à sortir de la spirale de l'exclusion sociale. La délinquance juvénile, les désordres et le vandalisme prennent de l'ampleur dans les quartiers en difficulté sociale. Frustration et désespérance par rapport à l'avenir éloignent les jeunes de la société. Certains se mettent en rupture par la criminalité et la drogue. L'exclusion sociale parvient ainsi à instaurer un monde parallèle, que la société juge d'autant plus menaçant qu'elle y lit son échec à utiliser le potentiel de la jeunesse comme une force d'avenir et de progrès.

Les attentes

La lutte contre l'exclusion sociale est un objectif que l'Union européenne a inscrit dans le traité d'Amsterdam (1er mai 1999). Le Conseil européen de Lisbonne (24 mars 2000) s'est attaché à définir les objectifs et le calendrier « *d'une politique visant à renforcer l'emploi, les réformes économiques et la cohésion sociale dans une société basée sur la connaissance* ». La construction d'une Union européenne plus favorable à l'inclusion a été considérée comme un objectif majeur de la décennie à venir. Les efforts pour une croissance économique durable et une amélioration quantitative et qualitative de l'emploi sont, dans la plupart des grandes nations européennes, étroitement rattachés à des efforts pour une cohésion sociale remédiant aux exclusions les plus banalisées aujourd'hui et sources de fracture sociale.

Conclusion

La complexité des liens entre chômage et pauvreté rend compte de la diversité des formes et des niveaux d'exclusion sociale. Mais elle enferme aussi les exclus dans une fatalité que pérennise la situation critique de nombreuses économies européennes. L'exclusion sociale, en s'installant dans la durée, normalise l'assistanat et les discriminations qui s'y rattachent. En devenant une réalité en extension, l'exclusion sociale devient un problème politique majeur.

SUJET 18 Limousin VI

Durée : 3 heures

« La différence fait toujours un peu peur. Alors nous nous protégeons comme nous pouvons par l'ignorance, la fuite, l'agressivité, le mépris, voire l'exclusion. Et seuls les esprits forts peuvent dire une bonne fois pour toutes qu'ils échapperont à la tentation. »

Philippe MERRIEU

Commentez cette citation en argumentant votre point de vue. (20 POINTS)

CORRIGÉ

Introduction

Le discours des moralistes formule, depuis l'Antiquité, des mises en garde justifiées contre l'intolérance qui fait ignorer, malmener ou exclure tous les êtres et les choses qui représentent l'autre ou l'altérité. La leçon est toujours à faire car « la différence fait toujours peur », même dans un monde comme le nôtre qu'ont unifié les moyens de transport, de communication et de nombreuses instances mondiales s'occupant de la gouvernance de la planète. À l'âge de la mondialisation et de l'interdépendance généralisée, cette peur s'observe encore sous des formes diverses et souvent brutales. Les condamnations que l'on doit constamment formuler contre elle et ses effets négatifs la rendent particulièrement visible sans pourtant vraiment aboutir, car elle sait se masquer mais aussi se développer à partir de difficultés socioéconomiques majeures.

Une peur condamnée mais menaçante

La force et l'extension de l'appareil judiciaire national et international qui s'est instauré depuis la dernière guerre mondiale pour remédier à la peur de l'Autre ou la condamner, révèlent l'analyse sévère qu'elle inspire en matière sociétale et politique. L'illégitimité de ses effets les plus pervers, le racisme et la xénophobie, est reconnue et stigmatisée par les plus hautes autorités du monde politique, religieux et intellectuel. Mais ce blâme universel paraît d'autant plus nécessaire que l'on observe la réalité toujours présente des génocides. Il a fallu assurer une succession à la Cour de Nuremberg (20 novembre 1945/10 octobre 1946), avec la Cour internationale de justice, l'organe judiciaire principal de l'Organisation des Nations Unies (1947). Deux instances judiciaires ont été créées par des résolutions du Conseil de sécurité de l'ONU pour juger les responsables des génocides, en Bosnie (1992) et au Rwanda (1993-1994) : le Tribunal pénal international pour l'ex-Yougoslavie (résolution 808-1993), le Tribunal pénal international pour le Rwanda (résolution 955-1995). Une action judiciaire vigilante s'observe également à l'échelle des nations européennes pour le respect des diverses lois antiracistes ou antidiscrimination que les démocraties ont instaurées pour réprimer « la peur de l'Autre » qu'expriment par exemple le racisme anti-africain, antimaghrébin, antisémite, ou l'homophobie et l'handiphobie.

Une peur masquée

Cette vigilance largement généralisée dans les pays dont la prospérité et le niveau de vie ont attiré une large immigration, source d'intolérance, voire de racisme, pare aux urgences que créent les faits les plus graves en la matière. Mais malgré le législateur, malgré l'école, tout un populisme développe une conduite hostile aux diversités culturelles et un refus marqué de cohabitation dans la logique du « melting-pot of races ». La délinquance attachée à des frayeurs discriminantes constitue, très souvent encore, le sujet à la une des informations. Au quotidien, cela représente toutes sortes d'exclusion (emploi, logement, loisirs) pour des personnes qui par leur nom, leur couleur de peau, leur handicap ne correspondent pas aux normes de la majorité. Ce type de discrimination, puni par la loi et publiquement condamné, s'exerce « à visage masqué ». La peur de l'Autre inspire une grande habileté pour occulter les conduites d'exclusion. On sait plaider non-coupable, avec le droit à la légitime défense, à la sécurité, au respect de la clientèle. L'esprit de ghetto se défend de la sorte pour écarter les mixités sociales que la peur de l'Autre fait appréhender. Nombre de municipalités préfèrent supporter la pénalité financière attachée au refus de l'habitat social sur leur territoire plutôt que de voir s'y installer une population culturellement et économiquement différente de celle qui représente leur électorat.

Une peur entretenue

L'impuissance des pouvoirs publics pour une bonne intégration de toutes les diversités du tissu social peut se comprendre en observant les divers éléments qui entretiennent la peur de l'Autre et s'emploient à la justifier. La médiatisation des faits de délinquance est une source de phobies populaires sans réflexion et sans nuances. On en sait plus sur les voyous des cités que sur ceux, bien plus nombreux, qui y font un chemin tout à fait respectable, en empruntant les voies légitimes de la réussite scolaire et du dynamisme professionnel. Les médias donnent surtout à voir ce qui fait peur. L'attention est davantage portée sur les jeunes qui détruisent les écoles que ceux qui, dans les ZEP, profitent de l'ouverture de leur collège en temps de vacances pour se retrouver dans un cadre qu'ils apprécient avec des activités sportives ou culturelles qui les forment. On ne parle pas « des trains qui arrivent à l'heure » et, en matière sociale, c'est dommageable. La peur de l'Autre est également entretenue par les effets du terrorisme international qui encourage à toutes sortes de diabolisations et de frayeurs. Faute de pouvoir distinguer le coupable qui menace la foule, on finit par pratiquer la punition collective.

Conclusion

Céder à la peur de la différence, c'est non seulement se mettre hors la loi des démocraties, mais aussi se refuser aux évolutions d'un monde où s'abattent les distances de l'espace et des savoirs. Cela signifie également, et il faut le regretter, suivre une intolérance bien installée et même amplifiée par les progrès des médias dont les images ne se sont pas suffisamment mises au service de la tolérance et du cosmopolitisme. Il faut une belle indépendance d'esprit pour, aujourd'hui, accepter l'infinie diversité des êtres mentalement et pratiquement.

SUJET 19 Limousin VII

Durée : 3 heures

Notre société, comme toutes les autres, n'a pas d'intérêt à promouvoir la solitude, les désengagements, l'égocentrisme, voire l'individualisme. À certains égards, éclatée, disparate, inégale, la société française ne manque cependant pas de faits remarquables de solidarité humanitaire ou sociale qui vaut pour tous les âges de la vie. Rechercher par le vecteur associatif un moyen d'être utile au monde et à soi-même : les exemples ne manquent sans doute pas. Depuis le centenaire de la loi de 1901, que devient, à votre avis, l'engagement associatif pour ce troisième millénaire ? Appuyez-vous sur des exemples.
(20 POINTS)

CORRIGÉ

Introduction

La loi de 1901 a jeté les bases d'une liberté publique essentielle : la liberté d'association. En un siècle, elle a accompagné un extraordinaire développement des pratiques associatives. Chaque année, on enregistre autour de 60 000 nouvelles associations. Leur champ d'intervention s'élargit aussi de façon spectaculaire, abordant les domaines les plus variés de la vie en société. Mais au-delà de ces évolutions quantitatives, des modifications majeures sont apparues dans le monde associatif invitant à s'interroger sur l'adaptation de la loi fondatrice à la diversité de la sphère du bénévolat et aux contraintes juridiques des activités socioéconomiques nationales et internationales.

La diversité du monde associatif

Les associations œuvrent dans tous les domaines de la vie publique et privée et accompagnent toutes les évolutions de notre société. Dans le domaine sanitaire et social on peut relever le nom de nombreux organismes à but non lucratif, qui assument des missions essentielles. On ne peut manquer de citer La Croix Rouge, Act Up, MSF, Emmaüs, le Secours catholique, l'Armée du Salut ; mais il en est encore bien d'autres qui interviennent pour l'insertion, l'aide aux handicapés, aux personnes âgées ou la lutte contre l'exclusion. Les missions internationales des ONG françaises sont devenues emblématiques d'une action humanitaire performante. Les associations ont également un rôle primordial dans l'épanouissement et les loisirs de nos concitoyens. Elles sont omniprésentes dans la sphère sportive. Elles contribuent aussi largement à la diffusion de la culture et ont un rôle essentiel dans le soutien scolaire ou la lutte contre l'illettrisme. Ce sont encore des associations qui ont pris en charge les nouveaux secteurs de la consommation, de l'environnement et de l'écologie, s'employant à développer des actions collectives d'information et de vigilance. L'activisme de Greenpeace, des Faucheurs volontaires et de la Confédération paysanne de José Bové se déploie avec force dans la contestation des OGM. Le mouvement associatif, grâce à la souplesse de la loi de 1901, apporte vitalité et efficacité aux aspirations les plus diverses qui façonnent la société et la font évoluer.

Puissance publique et monde associatif

Alors qu'on fêtait en 2004 la millionième association active en France, les pouvoirs publics ont estimé nécessaire de rattacher la vie associative au ministère de la Jeunesse et des sports, qui a maintenant pour titre « ministère de la Jeunesse, des sports et de la vie associative ». Pour qu'une association, conformément à la loi de 1901, soit reconnue d'utilité publique, il faut que, suite à une procédure d'accréditation auprès du Conseil d'État, elle se soit acquis un statut particulier correspondant à une mission d'intérêt général dans les domaines philanthropiques, social, sanitaire, éducatif, scientifique, culturel, ou rattachés à l'environnement, la défense des sites et des monuments, la solidarité internationale. Les conditions requises pour entrer dans cette catégorie d'associations sont strictes : une pratique d'au moins trois ans comme association déclarée, la fourniture des comptes pendant cette période et un budget d'au moins 45 734,71 euros, l'adhésion d'au moins 200 membres, l'intervention sur un plan national. Les associations reconnues d'utilité publique peuvent recevoir, outre des dons manuels, des donations et des legs. Le label « d'utilité publique » leur confère une légitimité particulière dans leur domaine d'action. Créée en 1969, la Fondation de France est reconnue d'utilité publique et indépendante de l'État. Elle ne peut agir que grâce à la générosité des donateurs. Elle a cinq grands domaines d'intervention : solidarité, santé, recherche médicale et scientifique, culture, environnement. Après le scandale financier de L'ARC (Association pour la Recherche sur le Cancer), les statuts de cette association d'utilité publique ont été revus de façon à ne permettre aucun détournement de ses fonds vers d'autres finalités que la recherche et la prévention du cancer. L'ampleur des sommes affectées à la recherche par l'ARC, une fois ce redressement établi, a été saluée par la Cour des comptes. Les juridictions financières de l'État ou des collectivités territoriales, depuis l'affaire de l'ARC, exercent un contrôle attentif sur la gestion financière des associations et fondations à but non lucratif, et tout particulièrement sur l'emploi qu'elles font des subventions publiques. Le public aussi dispose d'un droit d'information qui peut s'avérer être un contrôle indirect, sur les concours financiers attribués par les communes aux associations sans but lucratif ayant reçu une subvention supérieure à 75 000 euros ou représentant plus de 50 % de son budget (Article L. 2313-1 du Code général des collectivités territoriales). Dans ces contrôles, s'affirment moins une tutelle étatique qu'une extension de la participation du monde associatif à l'organisation de la vie sociale.

Les avantages du partenariat

Le partenariat peut représenter l'union ou la fédération de plusieurs associations autour d'un projet commun. Entre associations, le partenariat prend corps souvent dans le cadre de relations de proximité pour une opération ponctuelle : fête de quartier, match amical ; ou bien pour une collaboration plus ou moins régulière sur des thèmes ou des champs d'intervention communs. L'Association Le Puy du Fou a fait émerger plusieurs associations annexes qui participent à son activité de Parc de loisirs. Créée en 1978, la Cinéscénie est animée par une association qui rassemble aujourd'hui 2 850 « Puyfolais » bénévoles. Elle apporte chaque année au Parc du Puy du Fou des spectacles à caractère historique que jouent ses volontaires : vingt-neuf représentations ont été données en 2005.

Le partenariat des associations avec les services de l'État ou les collectivités territoriales peut se constituer dans des transferts de compétence pour tel ou tel projet d'utilité sociale. Les associations sont alors subventionnées et se voient investies, par des accords écrits ou des conventionnements, de responsabilités directes dans l'organisation de la vie sociale : contrat éducatif local, politique de la ville, loisirs et sports. Depuis le 1er juillet 2001, une charte d'engagements réciproques lie l'État avec les associations en partenariat. Au niveau départemental, un correspondant est désigné dans chaque service d'État, chargé des relations avec les associations. Le financement d'un projet associatif peut faire aussi l'objet d'un partenariat avec des entreprises par la voie du sponsoring ou du mécénat. Le Téléthon sponsorise admirablement l'Association Française contre la Myopathie (AFM).

Conclusion

La notoriété et l'efficacité de l'action associative ne se sont pas démenties depuis 1901. Notre époque s'ouvre sur un temps où l'on semble, à tous les niveaux de la société, disposé à se faire disciple de cette pensée de Tocqueville : « Dans les pays démocratiques, la science de l'association est la science mère ; le progrès de toutes les autres dépend des progrès de celle-là. »

SUJET 20 Nord-Pas-de-Calais I (avril 2010)

RÉDACTION D'UN RÉSUMÉ DE TEXTE (10 POINTS)

Vous résumerez le texte en 100 mots (une marge de 10 % en plus ou en moins est admise). Au-delà ou en deçà de cette marge, vous vous exposez à une note éliminatoire.

Vous indiquerez à la fin de votre résumé le nombre de mots que vous aurez utilisé. Tous les mots comptent (par exemple : « c'est-à-dire » compte pour quatre mots).

QUESTION (10 POINTS)

En quoi la question de la santé mentale en France peut-elle être préoccupante ? Vous argumenterez votre point de vue par des exemples et vos connaissances générales.

Les clés pour réussir

Être attentif aux mots-clés du texte pour une réflexion critique (« inadéquation en miroir » entre la psychiatrie et le social, deux cultures, cloisonnements, approche concertée).

Travail social et santé mentale

« Les chiffres sont connus : aujourd'hui en France, un tiers des personnes sans domicile fixe souffrent de pathologies mentales graves non soignées, et pour nombre d'entre elles, ces troubles psychiques sont à l'origine de leur situation. Plus de 12 000 suicides par an sont liés à des troubles psychiques, soit trois fois le nombre d'accidents de la route ! Et que dire des adolescents en détresse, des parents "borderline", de ceux que l'absence de travail a plongés dans la dépression... D'ailleurs, l'OMS estime que d'ici 2020, 33 % de la population française aura été touchée, au moins une fois dans sa vie, par un trouble de santé mentale. Pourtant, en France, la question de la santé mentale c'est le "nuage de Tchernobyl qui n'a pas passé la frontière !" [...] Et quand le déni tombe, c'est un déluge de lois répressives et sécuritaires qui prennent la place d'une véritable politique nationale de santé publique : "Les seuls textes à aborder la question de la maladie mentale ces dernières années ont été des textes pénaux", observe ainsi Alain Milon, sénateur et auteur d'un rapport sur la prise en charge psychiatrique. On a encore trop tendance à associer maladie mentale et danger, alors même que les malades souffrant de ces pathologies ont dix-sept fois plus de risque d'être victimes de violences que la population générale ! Il aura donc fallu attendre le 11 février 2005 pour qu'une loi reconnaisse l'existence du handicap psychique au même titre que le handicap physique ou mental. Car il y a urgence : sur 6 % de la population française touchés par la maladie mentale, seulement 1 % dispose d'un suivi adapté. Entre les contraintes budgétaires et le refus d'une psychiatrie de type "asilaire", le nombre de lits dans ▶

▶ les établissements psychiatriques et pédopsychiatriques s'est en effet peu à peu réduit comme peau de chagrin : entre 1985 et 2005, 30 000 lits et places en psychiatrie ont été supprimés. Par un effet domino, la désinstitutionalisation a conduit à un transfert du sanitaire au médico-social et au social. “Dans les années 1960, les enfants étaient accueillis dans des cloaques”, se souvient Serge Kannas, ancien chef de service et coordinateur de la Mission nationale d'appui à la santé mentale (Mnasm). La seule façon de moderniser les dispositifs a été de fermer ces “asiles”, mais le mouvement a été “trop loin”. D'autant que “l'orientation des soins en ambulatoire ne s'est pas accompagnée d'une augmentation proportionnelle des moyens, notamment dans les centres médico-psychologiques (CMP) qui sont désormais en sous-effectif au vu de l'afflux de patients”, affirme Michaël Despres, cadre de santé au CHS de Navarre à Évreux, hôpital psychiatrique qui est passé en quelques années d'un millier de lits à 300 aujourd'hui.

Résultat, au vu du manque des structures intermédiaires, beaucoup de personnes souffrant d'anxiété, de dépression, de dépendances, de troubles psychotiques ou de difficultés psychosociales sont abandonnées à elles-mêmes, chez elles ou au sortir de l'hôpital. On les retrouve parfois dans la rue, dans les prisons, dans les hébergements d'urgence ou dans les circuits de la protection de l'enfance... bref, au milieu de travailleurs sociaux démunis devant ces populations qu'ils connaissent peu, et qui mettent fatalement en échec les dispositifs d'accompagnement peu adaptés. “Il y a une inadéquation en miroir entre la psychiatrie et le social, avec d'un côté des personnes aux lourds troubles psychiques qui se retrouvent dans le circuit social, et de l'autre, des personnes qui ont de lourdes problématiques sociales qui relèvent de la psychiatrie”, conclut Marcel Jaeger, chargé de mission sur les questions sociales et médico-sociales à la Mnasm.

La solution ne peut donc venir que d'un rapprochement entre ces deux cultures. [...] Comment dépasser les cloisonnements pour développer une approche concertée et faire avancer la société dans la prise en charge de ces populations à mi-chemin de l'action sociale et de la psychiatrie ? Le *Journal de l'action sociale* vous fait découvrir [dans la suite de l'article] trois formes de coopération. [...] »

P. Graulle, R. Mazin, *Le Journal de l'action sociale*, n° 144 février 2010.

CORRIGÉ

RÉSUMÉ

Malgré la progression du nombre de personnes mentalement atteintes, la France laisse confondre maladie mentale et violence, soignant là souvent par la répression judiciaire. Pourtant les malades mentaux se comptent surtout comme victimes. Le faible encadrement budgétaire du handicap psychique, enfin reconnu en 2005, et l'abandon du recours asilaire compromettent la qualité des soins psychiatriques. La modernisation par les soins en ambulatoire n'a pas été suffisamment financée pour instaurer des structures adaptées à la réduction des structures hospitalières et à la nécessité de soigner la grande diversité des troubles psychiques. L'imbrication du psychique et du social impose des solutions médico-sociales. (100 mots)

QUESTION

La capacité structurelle de la société française à prendre en compte les enjeux de santé mentale invite à bien des réserves. Ils incluent en effet désormais une grande variété de troubles qui induit une redéfinition des données à partir desquelles se sont élaborés les différents plans « Santé mentale » du ministère de la Santé. Les approches du problème de la santé mentale sont encore trop strictement sanitaires ou médico-sociales et mettent en évidence la nécessité d'envisager de nouveaux axes thérapeutiques pour inclure deux paramètres majeurs dans les modes de prise en charge à venir en matière de santé mentale : le nombre en réduction des psychiatres et l'extension du champ social dans la demande de soins psychiatriques.

Le nombre en réduction des psychiatres

On s'attend d'ici à 2020 à une forte diminution du nombre des psychiatres. Celle-ci aura forcément pour conséquence la nécessité de confier à des non-psychiatres (généralistes, psychologues, infirmiers, éducateurs…) des missions actuellement remplies par des psychiatres. Pour choisir les missions qui pourraient être assurées par des non-psychiatres, on peut prendre des options diverses, mais il est important de voir avec clarté les missions qui ne peuvent être remplies que par des psychiatres et celles qui peuvent être confiées en totalité à d'autres.

Pour établir le diagnostic, les psychiatres sont les seuls professionnels suffisamment formés. Certes, des généralistes ou des psychologues font aussi des diagnostics, mais leur compétence n'est que partielle. Il faut donc prévoir des procédures de contrôle. Pour les thérapeutiques biologiques, qui ne peuvent être prescrites et appliquées que par des médecins, la coordination entre psychiatres et généralistes reste impérative. Pour la psychothérapie, on doit tenir compte de plusieurs facteurs. La situation actuelle est déjà celle de la participation de non-psychiatres, en particulier – mais non exclusivement – des psychologues. Or se posent là des problèmes de compétence dont se soucient les sociétés de psychothérapie, tel le refus des psychologues d'être des paramédicaux ou d'avoir un tiers thérapeute entre le patient et eux, principe certes valable pour la psychanalyse mais qu'il est abusif d'étendre aux autres types de psychothérapies… Dans le fonctionnement des institutions, il y a des actions médicales qui sont confiées à des non-médecins. Cela se fait dans un esprit de travail d'équipe avec confrontation des points de vue. Pour l'avenir, il est très possible (puisque cela existe déjà à l'étranger) que des institutions thérapeutiques soient placées entièrement sous la responsabilité de non-médecins. A titre d'exemple, on peut évoquer les hôpitaux de jour dirigés par des psychologues ou des infirmiers. Les actions de prévention relèvent de la même problématique. Pour les expertises, la situation actuelle comporte déjà le recours à des psychologues pour des problèmes psychopathologiques.

Nécessité de développer les efforts de coordination de l'ensemble des acteurs

D'une manière générale, les personnes suivies en psychiatrie apparaissent, par rapport à la population générale, confrontées à des difficultés, tant sur le plan de la vie affective ou sociale que sur le plan de l'activité professionnelle.

La prévention et la sécurisation de la santé mentale des personnes vulnérables imposent une coordination des acteurs sanitaires, sociaux, économiques, voire politiques. Les manifestations de la souffrance psychique, associées aux situations de précarité, s'inscrivent dans le quotidien du travail social. La souffrance psychosociale s'observe en premier lieu non pas dans les cabinets des psychiatres, mais dans les espaces du travailleur social. Cette réalité toujours plus présente impose bien des évolutions de l'assistance à la précarité et à la santé mentale. Le travailleur social se retrouve souvent démuni face à une « sanitarisation » de son champ d'intervention et face au manque d'articulation avec les institutions sanitaires qui pourraient l'aider.

Le Centre d'accueil et de crise (CAC), une structure intermédiaire entre psychiatrie et médecine générale, semble bien l'institution la mieux adaptée aux évolutions des problématiques de santé mentale en France. Les CAC se développent en France à partir du constat que certaines personnes traversant des périodes d'instabilité dites de « crise », caractérisées par une perte temporaire des repères et une incapacité à se projeter dans le futur, ne trouvent leur place ni dans les structures hospitalières générales, ni dans les structures psychiatriques. Les CAC sont des structures intermédiaires, implantées au cœur de la ville dans le but de maintenir le patient au plus près de chez lui, d'éviter sa désocialisation et de faciliter les soins de proximité. Ces centres sont une alternative pour engager avec le patient un travail sur le moment de crise qu'il traverse, dans un temps volontairement restreint. La thérapie est axée essentiellement sur la parole, par des entretiens individuels, des ateliers et des groupes. Ce lieu ouvert sur la ville, doit pouvoir être un « sas » utile à la reconstruction des patients. Conçu comme un « hôtel thérapeutique », le CAC présente un certain nombre d'atouts pour le travail d'autonomisation et de resocialisation. En effet, parallèlement, les équipes médicales ne perçoivent pas toujours l'importance du handicap social lié aux troubles mentaux. Elles ne travaillent souvent que partiellement avec les équipes sociales et lorsqu'elles le font, les deux projets sont plus juxtaposés que pensés ensemble, harmonisés et rendus compatibles. Cette juxtaposition maintient la précarité et l'exclusion.

Conclusion

Pour favoriser l'articulation entre réponse psychiatrique et réponse sociale des efforts ont déjà été accomplis ces dernières années. Il est indispensable de comprendre que le travail en psychiatrie est un travail d'équipe, et qu'une personne ne peut être prise en charge que dans sa globalité.

SUJET 21 Nord-Pas-de-Calais II (janvier 2010)

Durée : 3 heures

RÉDACTION D'UN RÉSUMÉ DE TEXTE (10 POINTS)

Vous résumerez le texte en 100 mots (une marge de 10 % en plus ou en moins est admise). Au-delà ou en deçà de cette marge, vous vous exposez à une note éliminatoire.

Vous indiquerez à la fin de votre résumé le nombre de mots que vous aurez utilisé. Tous les mots comptent (par exemple : « c'est-à-dire » compte pour quatre mots).

QUESTION (10 POINTS)

Que pensez-vous de la possible disparition du Défenseur des enfants dans le contexte social actuel en France ? Vous argumenterez votre point de vue par des exemples et vos connaissances générales.

Les clés pour réussir

Lire ce texte comme un double éloge, celui d'une institution et celui d'une personne.
Pour la réponse à la question, ne prendre en compte que le premier aspect de l'éloge.

Des droits de l'enfant mal défendus

« Le gouvernement a annoncé son intention de mettre fin à l'institution du Défenseur des enfants. Pourtant, depuis neuf ans, celle-ci ne cesse d'être efficace ; le 20 novembre, elle livrait encore quelques pistes utiles.

Cette année, la Défenseure des enfants enregistrait une augmentation de 9,4 % des réclamations, concernant principalement la tranche d'âge des 11-15 ans. Les motifs sont les séparations familiales, le droit de visite, le placement et les mesures éducatives, mais aussi les mineurs étrangers isolés, puis les dénonciations d'abus sexuels ou de maltraitance, les difficultés avec l'institution scolaire ou les problèmes de handicap.

Par ailleurs, les services de Dominique Versini ont initié trois enquêtes de terrain : la première, *Devenir une vraie femme*, question des adolescentes à leur magazine (en l'occurrence *Girls* et *Jeune et jolie*), porte sur l'image des filles. "*On constate qu'un stéréotype est inculqué de bonne heure à propos des femmes*", déplore la Défenseure, à propos de certains sujets (mode, beauté, amour, sexe), en constatant que les minorités (le handicap, par exemple) et les discriminations n'y sont que très peu évoquées. À l'opposé de ces standards commerciaux consuméristes, d'autres magazines centrés sur l'éducatif (*Le Monde des ados*, *Les Clés de l'actualité*...) entendent, eux, compléter les acquis et ancrer des compétences personnelles et sociales chez l'ado lecteur. Un recul évident par rapport à nos engagements internationaux.

La deuxième enquête s'intéresse aux faits divers "dans lesquels les jeunes deviennent un enjeu politique", entraînant des lois de plus en plus répressives ▶

en matière de délinquance des mineurs. Au cœur du débat, l'institution scolaire, qui a vu se succéder nombre de propositions de lois au fur et à mesure d'événements médiatisés… Jusqu'à quand va-t-on entretenir l'illusion que l'on répond aux problèmes de délinquance en ajoutant des lignes dans le Code pénal, lui-même modifié à plus de quarante reprises depuis 2002 ?, s'interroge l'institution en s'appuyant sur le chercheur Laurent Mucchielli. Intitulée L'Expression et la participation des adolescents, des droits à renforcer, la troisième enquête insiste sur une participation ouverte à tous et "pas seulement à des jeunes déjà mobilisés et dotés d'un bon capital scolaire", dans les collectivités territoriales comme dans le cadre scolaire. Pourquoi ne pas créer, propose-t-elle en suivant une préconisation de lycéens, un "livret de l'engagement citoyen" rassemblant toutes les activités, scolaires ou non, dans lesquelles s'est investi l'adolescent ?

Cette année, 32 jeunes ambassadeurs de la Défenseure des enfants (JADE) ont sensibilisé plus de 22 400 jeunes à la Convention internationale des droits de l'enfant (CIDE), dont une grande majorité de collégiens. Par ailleurs, une première antenne des droits de l'enfant s'est ouverte, en mars dernier, à Asnières (92).

Le 20 novembre, les 200 propositions issues d'une consultation nationale auprès de 2 500 jeunes étaient adressées au Parlement, concernant 10 grandes questions (éducation, famille, justice, Internet, santé, discriminations, violences, expression, handicap, précarité). C'est dans ce contexte d'intense activité que le gouvernement a choisi de supprimer la fonction de Défenseur des enfants, dont les attributions appartiendraient désormais, particulièrement diluées, à un nouveau Défenseur des droits. Les droits spécifiques aux enfants s'en trouveront affaiblis d'autant, et le recul est évident par rapport aux engagements internationaux de la France, l'un des premiers pays à avoir ratifié la CIDE et à avoir créé l'une des 80 autorités indépendantes de défense des droits de l'enfant dans le monde (dont, ironie de l'actualité, Dominique Versini devenait fin septembre, présidente de réseau). »

Joël Plantet, *Lien social*, n° 951, 26 novembre 2009.

CORRIGÉ

RÉSUMÉ

La fin de l'institution du Défenseur des enfants est un déni de son efficacité et des récentes preuves de son utilité : l'augmentation des recours et l'ouverture de trois importantes enquêtes. La première enquête s'attache à définir les discriminations et les conditionnements développés par les magazines des adolescentes. La deuxième a pour thème la judiciarisation outrancière de la délinquance juvénile. La troisième vise à promouvoir l'engagement citoyen pour tous. On en a vu les effets dans des actions internationales et nationales exemplaires. De là l'illogisme de la décision englobant et affaiblissant les droits de l'enfant dans la Défense des droits. (100 mots)

QUESTION

La suppression du poste de Défenseur des enfants a suscité une cascade de protestations appuyées sur divers points de vue. Un certain nombre de risques ont été soulignés ; la nouvelle institution du Défenseur des droits doit veiller à les écarter.

Inadéquation du recentrage

Le texte met en avant une position qui critique l'inadéquation de cette mesure avec les résultats de la structure à supprimer. On semble vouloir se séparer d'une institution nécessaire et jusque-là hautement profitable à la jeunesse et à ses différents problèmes.

Vouloir englober la structure existante du Défenseur des enfants dans la structure plus généraliste du Défenseur des droits présente **trois risques majeurs** :

- que les problèmes spécifiques aux enfants soient désormais dilués dans la vaste thématique de la protection des libertés avec une administration qui ne sera plus en mesure de traiter de façon personnalisée et spécialisée les enfants ;
- que l'accessibilité des enfants à cette institution soit d'autant plus réduite qu'ils ne sauront pas qu'elle existe ;
- qu'on remplace une institution de mission, qu'a été la Défense des enfants, par une institution d'administration.

En effet, les prérogatives du « Défenseur des droits », doivent englober celles aujourd'hui exercées par quatre autorités distinctes (le Médiateur de la République, la Halde, le Défenseur des enfants et la Commission nationale de déontologie de la sécurité) qui, ensemble, traitent près de 100 000 dossiers par an. Cette compétence plurielle et collégiale risque, selon Dominique Versini, de « réduire grandement la protection des enfants en diluant la spécificité de leurs problèmes ». Depuis la création de l'institution, en 2000, les réclamations concernant près de 20 000 enfants ont été traitées.

Atouts du recentrage

Les atouts que peut trouver la Défense des enfants dans sa fusion avec la Défense des droits tiennent à un **double renforcement de sa structure :**

- par un statut constitutionnel qui renforce les pouvoirs d'injonction. **Art 71-1 de la Constitution :** « Le Défenseur des droits veille au respect des droits et libertés par les administrations de l'État, les collectivités territoriales, les établissements publics, ainsi que par tout organisme investi d'une mission de service public, ou à l'égard duquel la loi organique lui attribue des compétences... »
- par un cadre administratif et financier qui dynamise les capacités d'intervention de chacune des institutions englobées dans la Défense des droits.

Conclusion

On peut dire, en conclusion, que l'évaluation de ce recentrage reste à voir et à faire. Toutefois, il apparaît bien que la disparition du Défenseur des enfants demeure problématique.

SUJET 22 Nord-Pas-de-Calais III (janvier 2009)

RÉDACTION D'UN RÉSUMÉ DE TEXTE (10 POINTS)

Vous résumerez le texte en 100 mots (une marge de 10 % en plus ou en moins est admise). Au-delà ou en deçà de cette marge, vous vous exposez à une note éliminatoire.
Vous indiquerez à la fin de votre résumé le nombre de mots que vous aurez utilisé. Tous les mots comptent (par exemple : « c'est-à-dire » compte pour quatre mots).

QUESTION (10 POINTS)

À partir du texte proposé et des événements de l'actualité, que pensez-vous de la question du logement en France ?

Les clés pour réussir

Rechercher un factuel très porteur pour la problématique à aborder.

SOS Taudis

« Résurgence des bidonvilles, déficit structurel et croissant de logements locatifs sociaux, engorgement des structures d'hébergement, raréfaction du parc privé abordable...
De nombreux facteurs poussent de plus en plus de personnes vers des solutions d'habitat indigne. Avec d'autres réseaux, la Fondation Abbé Pierre lance une grande opération de sensibilisation et d'interpellation, SOS Taudis, en espérant "rendre visible l'invisible".
Le constat reste le même : un million de personnes vivent dans des cabanes, des campings, des constructions provisoires, des hôtels meublés ; plus de 2 millions vivent dans des conditions inacceptables (logements surpeuplés, sans eau, sans sanitaires, sans chauffage...) ; aujourd'hui, 600 000 logements sont considérés comme des taudis.
Qu'est-ce qu'un taudis ? Un appartement en location aux murs gorgés d'humidité, avec une installation électrique dangereuse ? Une chambre meublée sans chauffage dont les peintures au plomb s'écaillent ? Une maison individuelle dont le plafond peut s'effondrer et sans raccordement à l'eau courante ? Une cave ou un garage aménagés, un local commercial sans sanitaires reconverti en logement, une cabane en forêt, un baraquement de terrain vague, une caravane délabrée ? Tout cela à la fois. Ce lundi 12 novembre au matin, la Fondation Abbé Pierre (FAP) avait donné rendez-vous à la presse dans le nord de Paris pour la visite édifiante d'un taudis, un vrai : 23 logements, occupés encore récemment par 21 ménages dont 12 avec enfants, soit 34 adultes et 38 enfants. 13 pièces délabrées entre 8 et 10 mètres carrés, sans sanitaires, et 8 F2 ne dépassant pas 20 mètres carrés. A l'occasion du rachat du bâtiment par la Ville de Paris, 20 ménages ont été relogés dans ▶

des logements sociaux correspondant à leurs besoins et à leurs ressources, 5 familles bénéficiant d'un accompagnement social après relogement. Exemplaire ? Présente à la conférence de presse, la société immobilière d'économie mixte de la Ville de Paris (Siemp) a énuméré les étapes de cette opération d'éradication de l'insalubrité : déclaration d'utilité publique, acquisition de l'immeuble, études de faisabilité en concertation avec riverains et associations, relogement des occupants, désignation d'un architecte, recherche de financements (en l'occurrence, Ville, État, Région, 1 % banques), obtention des permis de démolir et de construire, lancement d'un appel d'offres pour trouver une entreprise adéquate...

Faible volonté politique

Après avoir expérimenté le dispositif dans quelques régions depuis le début de l'année, la FAP lance son opération SOS Taudis dans vingt-trois départements. Prévue sur trois ans, la campagne de sensibilisation devrait à terme couvrir le territoire. Elle accompagnera son démarrage par deux affiches choc 4 m x 3 m : ("Taudis : le problème n'est pas seulement que des gens y vivent, c'est qu'ils y meurent", sur fond d'incendie violent et "Quand on est malade, on reste à la maison. Mais si c'était la maison qui rend malade ?", avec un enfant alité dans une pièce aux murs rongés) et des cartes postales de communication.

Il s'agit de "rendre visible l'invisible" : les professionnels et les bénévoles des associations sont appelés à recenser les logements indignes, puis à accompagner les habitants à partir d'un diagnostic, et surtout à interpeller les pouvoirs publics "si les situations dénoncées ne font pas l'objet de réponses adaptées de la part des acteurs concernés (bailleurs, collectivités, État, propriétaires indélicats)". Un numéro téléphonique Azur (0 810 001 505) permettra les signalements de tout immeuble ou logement insalubre, vétuste ou dangereux.

Avec un réseau de partenaires – plusieurs associations régionales, mais aussi la Confédération générale du logement (CGL), les Petits Frères des pauvres ou le mouvement Pact Arim pour l'amélioration de l'habitat –, la FAP rappelle que la volonté politique reste velléitaire, et ce malgré une panoplie législative potentiellement performante. »

Joël Plantet, *Lien social*, N° 862, 22 novembre 2007.

CORRIGÉ

RÉSUMÉ

Il y a toujours surnombre de mal-logés et de taudis.

Un taudis se définit avec tous les mots de l'insalubrité et de la précarité. La Fondation Abbé Pierre (FAP) a fait voir à la presse un vrai taudis, où, dans l'exiguïté et le délabrement ont vécu trente-quatre adultes et trente-huit enfants. Le rachat par la Ville de Paris de cet immeuble a permis des relogements adaptés avec les accompagnements sociaux nécessaires. La Siemp a présenté parallèlement le processus juridique et financier de cette réhabilitation. Ce dispositif SOS Taudis doit en trois ans être opératoire partout et avec tous. (100 mots)

QUESTION

Le secrétaire d'État au Logement parle de « véritable livre noir du logement ». Pour la Fondation Abbé Pierre, « ce sont sans aucun doute plus de 10 millions de personnes qui subissent aujourd'hui les conséquences de la crise du logement ». Ce mal social tient en fait à la spéculation immobilière qui privilégie la promotion d'un habitat inaccessible aux plus modestes. Il exige des interventions publiques importantes et décisives.

Les différentes facettes de la spéculation immobilière

La spéculation foncière est un mécanisme complexe qui contribue à créer une situation de production de logement insuffisante et inaccessible aux plus modestes. Elle met aussi en place la flambée des coûts du logement et des charges et bloque la mobilité résidentielle.

Le parc de logement

La France fait partie des pays qui ont fait de la propriété le cœur de leur politique. On ne s'est pas soucié de préserver un parc de logement diversifié (locatif et propriété) ni de réguler les prix. Avec un parc locatif nettement insuffisant et des prix qu'on laisse filer, les plus fragiles et les plus modestes sont gravement exclus du marché.

La flambée des coûts

Les prix de l'immobilier ont doublé en dix ans et pendant la même période, les loyers ont augmenté de 50 %. Les logements « intra muros » à Paris et dans les grandes agglomérations de province sont à des prix de vente et locatifs de plus en plus prohibitifs. Là où le bassin d'emploi est le plus large, c'est-à-dire dans les villes importantes, il n'est plus possible de se loger non seulement pour les plus modestes, mais aussi pour les classes moyennes. Les lois du marché forcent de plus en plus de travailleurs salariés à habiter dans des banlieues lointaines. Les gouvernements ont depuis longtemps en France fait prévaloir les facilités de transport sur l'extension des logements sociaux en centre urbain.

Les blocages de la mobilité résidentielle

En France, une personne sur dix change de logement chaque année. Mariages, études, divorces, mutations professionnelles, bien des événements de la vie amènent à changer de logement. Mais le parc social trop étroit, les loyers privés trop élevés et la propriété trop coûteuse « piègent » de plus en plus de gens dans un lieu et un mode de logement qui nuisent à leur qualité de vie ou compromettent leur situation financière.

Les solutions à envisager

Seule une politique ambitieuse et durable peut résoudre la crise du logement.

Elle doit s'attacher au respect des lois existantes et envisager des mesures propres à sinon geler les loyers, du moins les réguler.

La bonne application des lois

La loi SRU (Solidarité et renouvellement urbain) fixe l'objectif de 20 % minimum de logements sociaux dans les villes et agglomérations de plus de 50 000 habitants. Ce texte précise aussi les procédures de lutte contre l'insalubrité, instaurant le droit à un logement décent. Il renforce les capacités d'intervention dans les copropriétés dégradées et unifie les modes d'intervention publique en faveur de l'habitat privé. Or de nombreuses communes ne remplissent pas leurs obligations devant la loi : elles sont à sanctionner. Il faut en effet inciter les collectivités à faciliter la construction de logement social.

Le DALO (Droit au logement opposable) génère la possibilité, pour toute personne sans domicile et résidant de façon régulière sur le territoire français, d'entamer un recours contre les pouvoirs publics dans le cas où les démarches entreprises en vue de l'obtention d'un logement social connaîtraient une stagnation anormale. Sa médiatisation tient à des événements très marquants : les incendies mortels de l'été 2005 dans les immeubles abritant des mal-logés, mais également l'action débutée le 2 décembre 2006 par l'association Les Enfants de don Quichotte qui a organisé un campement de tentes le long du canal Saint Martin à Paris, repris avec une audience moindre dans une dizaine de villes de provinces.

La régulation des loyers privés

Notre pays a impérativement besoin des propriétaires privés pour loger davantage de monde dans la mesure où le nombre de logements sociaux est très insuffisant et que tout le monde ne peut pas accéder à la propriété dans de bonnes conditions. Mais pour trouver un point d'équilibre entre la rentabilité du propriétaire bailleur et les niveaux de loyer, il faut revoir les dispositifs Robien et Scellier qui sont sans contreparties suffisantes, en termes de plafonds de loyers ou de ressources. Les aides dont bénéficient les propriétaires bailleurs doivent être proportionnelles à la destination sociale des logements : plus le loyer est bas, plus les aides pourraient être élevées et les taxations allégées.

Conclusion

La pénurie de logements accessibles s'accompagne d'une réduction de la mobilité résidentielle des ménages les plus modestes et de l'émergence d'un habitat de relégation.

Pour corriger la banalisation actuelle de la crise du logement, il faut des objectifs publics rigoureux qui veillent non seulement à l'extension de l'habitat social et à l'encadrement des loyers, mais aussi au principal facteur de précarité sociale, corollaire du « mal-logement » : le chômage.

SUJET 23 Picardie

Durée : 3 heures

COMPRÉHENSION (10 POINTS)

Quelle est l'idée principale développée dans ce texte ? (15 lignes maximum)

DISCUSSION (10 POINTS)

Pour l'auteur, « exprimer un désir, c'est déjà sortir du fatalisme ». Que pensez-vous de cette opinion ? Commentez à partir d'une situation concrète (2 pages maximum).

Les vacances sont souvent l'occasion de rompre avec le quotidien, d'échapper à la routine, de prendre le temps de vivre, bref de se reposer et de se refaire une santé. Elles sont également un moment privilégié pour prendre de la distance et mûrir des décisions.

Ce temps libre est encore plus vital pour les personnes défavorisées qui supposent des contraintes matérielles et morales souvent pesantes. Le simple fait de changer d'environnement a enfin sa place et peut améliorer les relations à l'intérieur de la cellule familiale. Ces moments éphémères ne sont pas vains car leurs effets peuvent être durables. D'autres liens, d'autres dispositions d'esprit permettent de rencontrer d'autres personnes, de changer son propre regard, d'être vu différemment par les autres et parfois de se transformer. Les vacances sont souvent l'amorce d'un changement. Il ne s'agit bien sûr que d'une étape dans le processus de réinsertion sociale. Mais elle est parfois déterminante. La poursuite et la réussite de cette harassante recherche d'un emploi paraissent alors normales. Mais partir hors de chez soi semble incongru lorsque l'on dispose de peu de moyens. Les pauvres, souvent prêts à faire des démarches pour envoyer leurs enfants en colonies, envisagent rarement leur propre départ. Il est donc essentiel de les y inciter. Mais le rôle du travailleur social ne s'arrête pas là ; il doit les aider à vaincre leurs appréhensions, celle, entre autres, de se faire voler le peu qu'ils possèdent.

Afin de rassurer les familles et d'éviter ces tensions latentes, les associations caritatives partenaires de l'ANCV[1] préconisent une durée de vacances de deux semaines. Cette durée est suffisante pour se dépayser (pas de facteur, pas de facture) ; elle permet aussi aux familles de se réadapter à leur cadre de vie sans difficulté.

Une fois l'idée du départ acquise, il s'agit de la mettre en œuvre. Les personnes défavorisées, souvent assistées, ont tendance à vivre au jour le jour. Il leur est généralement impossible de se projeter dans le temps. Si on ne les accompagne pas longuement on les « perd en route ». Pour éviter cet abandon, ▶

1. ANCV : Agence Nationale pour les Chèques-Vacances ; extraits de communications au colloque, de la rencontre-débat de 1995, brochure « ANCV et Solidarité ».

il est indispensable que l'individu ou la famille s'investisse pleinement dans son projet de départ. L'établissement du budget des vacances, limité par les ressources de chacun, est essentiel.
Exprimer un désir, c'est déjà sortir du fatalisme. Lorsqu'une personne réussit à prendre une décision, à mener un projet de bout en bout, elle commence à sortir en douceur de la logique de l'assistanat pour se prendre en charge. Elle a franchi un pas immense. Quand ces premières vacances se déroulent bien, adultes et enfants ont l'impression d'avoir vécu ensemble une véritable aventure. Ils ont des souvenirs plein la tête, des histoires à raconter, comme les autres.

ANCV, extrait du compte-rendu du colloque « ANCV et solidarité », 1995.

CORRIGÉ

COMPRÉHENSION

L'idée principale que développe et argumente ce texte se rattache à la question de la pauvreté en période de vacances. Il met en évidence que la solution la meilleure est de donner aux familles sans ressources suffisantes pour partir en vacances les soutiens financiers et psychologiques indispensables pour les aider à dépasser l'idée que seuls les enfants ont droit au départ, dans le cadre des colonies de vacances. L'article défend la thèse de la renaissance que peut apporter à l'individu et au groupe familial l'éloignement vacancier. Celui-ci est présenté dans ses divers effets de résilience pour ceux dont le quotidien représente une accumulation de difficultés sociales et matérielles. L'aide au départ en vacances des familles en grande difficulté est présentée là comme un moyen de les faire accéder à un temps de récréation régénératrice et éducative.

DISCUSSION

Introduction

L'auteur réfléchit ici sur des comportements individuels conditionnés par une résignation proche du fatalisme. Fatalisme social des plus démunis qui considèrent comme impensable tout ce qui pourrait améliorer leur existence. Les aider à dépasser la seule perspective d'une vie au jour le jour et leur faire prendre contact avec l'avenir, même le plus proche, par la voie d'un projet ou d'un désir, semble à l'auteur une première démarche pour reconstruire leur confiance en soi. Sa conviction se formule dans une maxime, « exprimer un désir, c'est déjà sortir du fatalisme », que l'on peut illustrer sur d'autres cas que celui envisagé par cet auteur.

Le fatalisme scolaire

Le monde scolaire est un espace que les familles les plus humbles et les plus en échec abordent avec fatalisme, imaginant difficilement que leurs enfants puissent y trouver « un ascenseur social ». L'école est pourtant l'espace social officiellement le plus égalitaire par la gratuité accordée jusqu'au terme du secondaire. La scolarisation de tous les jeunes jusqu'à 18 ans est devenue une réalité quasi-générale en France, depuis l'instauration du bac professionnel. Mais pourtant, on ne cesse de constater, au fil des évaluations de niveau ou de comportement, qu'il y a un divorce fréquemment reconduit, depuis quarante ans, entre grande pauvreté et réussite scolaire. Des tentatives sont faites depuis longtemps pour mettre en œuvre des pédagogies et des soutiens qui fassent échapper les milieux les plus défavorisés à la fatalité de l'échec scolaire. Et cet effort public obtient quelques succès quand précisément il parvient à faire « exprimer un désir ».

L'exemplarité du « désir d'école »

La bonne orientation scolaire libère ce type d'expression et met en œuvre bien des « sorties du tunnel ». L'école joue dans ce cas un rôle libérateur pour les plus défavorisés. Dans bon nombre de communes en ZEP, on ne s'est pas arrêté aux difficultés et aux violences du quotidien dans les établissements scolaires : l'expression de la demande d'école a été encouragée, même en période de vacances d'été. Avec l'aval du ministère de l'Éducation, l'École ouverte a permis aux jeunes sans possibilité de vacances, d'exprimer leur désir de savoirs, d'approfondissement et de perfectionnement, très librement puisqu'en dehors de l'année scolaire. On a, dès le début de l'expérience, constaté les effets à long terme de cette fréquentation libre de l'école pendant l'été. Les résultats obtenus au niveau scolaire sont encourageants. Les bénéfices pédagogiques sont nombreux : développement de la confiance en soi, acquisition de nouvelles connaissances, consolidation des acquis, responsabilisation, autonomie. On observe aussi un climat de confiance qui s'installe en douceur entre les équipes éducatives et les élèves. Il influe positivement tout au long de l'année sur les comportements et le travail en classe. Souvent intégrées dans le projet de l'établissement, les activités pratiquées pendant l'été permettent une ouverture du collège ou du lycée sur la vie locale et donnent une meilleure image de l'école à l'extérieur, notamment vis-à-vis des familles avec lesquelles les liens sont renforcés. Elles sont nombreuses, en effet, à participer aux manifestations organisées en fin de période d'été autour des productions réalisées par les jeunes : expositions, spectacles, démonstration de sites web et Cd-rom... et à souhaiter fortement, chaque année, une reconduction de ce dispositif. On voit se lever ainsi les malentendus que génère souvent l'École avec les plus humbles.

Conclusion

À partir de ce cas, on peut non seulement illustrer la maxime « exprimer un désir, c'est déjà sortir du fatalisme » mais aussi la compléter, en ajoutant « et ne plus s'auto-exclure ».

SUJET 24 La Réunion I (février 2010)

Durée : 2 heures

NOTE DE SYNTHÈSE (20 POINTS)

À partir du document ci-joint, vous réalisez une synthèse sur le sujet suivant : Qu'est-ce que la mort ?

Votre synthèse très condensée doit se situer dans une fourchette de 350 à 400 mots.

Tous les mots comptent, qu'ils soient des mots « pleins » (noms, verbes, adjectifs...) ou des mots outils (articles, auxiliaires du verbe, prépositions, conjonctions de coordination ou de subordination, négations...). Les mots composés comme « parce que » ne valent qu'un.

Vous devez préciser à la fin de votre synthèse le nombre de mots que vous avez utilisés.

TEXTE 1

La mort, c'est... l'arrêt des fonctions vitales

Pour vivre, le corps s'appuie sur plusieurs organes commandant des fonctions indispensables. Parmi eux, le cœur bien sûr, mais surtout le cerveau. Qu'il cesse de fonctionner, et la mort s'installe.

« Son cœur a cessé de battre », « son âme a quitté cette Terre », « il a rendu son dernier souffle ». La mort a beau avoir bien des mots pour se dire, aucun d'eux n'a encore jamais satisfait l'esprit scientifique. « *N'importe qui sait reconnaître la mort d'un être et pourtant, il n'en existe pas de définition biologique* », avoue sans état d'âme Éric Baccino, chef du service médico-légal du CHU de Montpellier. Ce médecin légiste, qui côtoie des macchabées au quotidien puisqu'il pratique des autopsies, ne se fie à aucun texte officiel quand il examine des corps. Il sait que la mort est là quand il voit une personne au teint livide ou qu'il touche une main déjà froide. Ce qui ne l'empêche pas de se demander : à quel stade du décès en est cette personne ?

« *Il faut faire attention à distinguer la mort de l'individu de la mort des organes, tissus et cellules qui le composent* », note Hélène Girouard, physiologiste à la faculté de médecine de l'université de Montréal. « *Les critères définis pour constater le décès d'un individu sont entièrement liés à la technologie dont on dispose. Avec leurs moyens actuels, les médecins concluent qu'un individu est mort quand ils estiment que son cerveau est tellement abîmé qu'il n'y a plus rien à faire pour le sauver.* » Car le cerveau est le centre de commande des fonctions de l'organisme, et sa destruction engage ce dernier dans un processus de destruction irréversible.

Des signes annonciateurs

« *Quant à la mort des différents organes et tissus de l'organisme, elle n'est jamais instantanée, c'est un processus lent, et le cadavre conserve des cellules fonctionnelles même quand il est froid* », précise Éric Baccino. Un individu qui vient de mourir ressemble ainsi à une personne dont presque tous les organes, tissus et cellules peuvent être encore bien vivants - pour un certain temps très ▶

court - mais ont perdu leur système de contrôle centralisé qui leur permet de fonctionner correctement, de communiquer ou de se nourrir. Une fois le cerveau hors d'usage, les organes sont comme une armée désorganisée qui n'aurait plus de commandant.

Heureusement pour les vivants, qui ont parfois le temps de réagir avant qu'il soit trop tard, la destruction de l'encéphale survient en général après un certain nombre de signes précurseurs. Sauf par exemple lors d'un accident vasculaire cérébral (AVC) ou d'un traumatisme crânien majeurs, la mort du cerveau est en général précédée de l'arrêt de deux fonctions vitales pour l'ensemble du corps : la circulation sanguine et la respiration, conduites par le cœur et les poumons. Ces symptômes finissent d'ailleurs toujours par survenir, si bien qu'encore aujourd'hui, ils restent régulièrement utilisés pour constater la mort. « *Face à une personne qui semble décédée depuis un certain temps, je contrôle le pouls et les battements du cœur, la respiration, la sensation de froid au toucher due à l'arrêt de la circulation sanguine en surface du corps. Si je ne vois aucun de ces signes de vie, je constate le décès* », décrit Éric Baccino.

Comment celui-ci survient-il ? « *Un cerveau n'a que trois façons de mourir : ses cellules peuvent manquer d'oxygène à la suite d'un problème de vascularisation, ou bien il peut mourir "de vieillesse" lorsque ses cellules se mettent à disparaître en nombre par apoptose (processus de mort programmée) et se renouvellent de moins en moins ; enfin, le cerveau peut s'éteindre à la suite d'une inflammation tellement forte qu'elle se retourne contre lui en détruisant ses cellules* », résume Hélène Girouard. Le plus souvent, c'est un problème de vascularisation. Le cœur faiblit parce qu'il est vieux, qu'il subit une attaque, ou bien ce sont les poumons qui cessent de respirer correctement à la suite d'un œdème ou parce qu'ils sont rongés par une tumeur... Quel que soit le dommage initial, l'irrigation de l'organisme en sang est ralentie. Cette baisse de la pression sanguine fait diminuer la diffusion d'oxygène dans les tissus, et notamment dans le cerveau. Or les cellules du cerveau, qui ont un besoin continu d'oxygène pour fabriquer l'énergie qui les maintient en vie, sont extrêmement sensibles à cette privation. Si aucune intervention médicale n'est effectuée, elles meurent donc en éclatant après quelques minutes. Leur mort entraîne l'arrêt définitif du cœur et des poumons et le dysfonctionnement de tous les autres organes, déjà affaiblis eux aussi.

Le cerveau détruit, c'est toute la personnalité, le centre des désirs, les émotions, la conscience et les rêves les plus inconscients de l'individu qui ont disparu, mais aussi le contrôle de ses systèmes vasculaire, pulmonaire, digestif... En l'état, aucun organe ne fonctionne plus correctement. « *La vessie aura beau envoyer des signaux au cerveau pour le prévenir qu'elle est pleine et les intestins qu'ils sont dilatés, ce dernier ne réagira pas en leur commandant de se vider* », explique Hélène Girouard. Pourtant, à ce stade de la mort de l'individu, la plupart des tissus et organes peuvent encore être vivants, à l'instar de la vessie ou des intestins !

Isabelle Cuchet, *Science et Vie*, Hors série 248.

TEXTE 2

La mort, c'est... un processus qui s'inscrit dans le temps

Au fil des ans, la peau se couvre de rides, les artères fonctionnent moins bien, les os s'usent... bref, notre organisme vieillit, nous rapprochant sans cesse de la mort. Par quels mécanismes ? Les scientifiques ont réussi à en dévoiler certains. Sans en comprendre tous les ressorts.

Ni l'amélioration des conditions de vie ni les avancées de la médecine ne peuvent enrayer cette fatalité : plus on vieillit, plus on court de risque de mourir dans l'année. Dans les pays riches, la probabilité de trépasser - quelle qu'en soit la cause - dans l'année qui vient double tous les huit ans. « *De l'ordre de 0,1 % en moyenne à 30 ans, elle passe à plus de 10 % à 85 ans* », précise Annie Sainsard-Chanet, professeur de génétique à l'université Paris-Sud. Plus le temps passe, plus nous sommes, donc, fragiles face à la mort. Pourquoi ?

Le médecin, se substituant au statisticien, apporte un premier élément de réponse en observant que le corps, à mesure que l'âge avance, accumule inéluctablement des signes de fatigue. Dans les grandes lignes, le scénario paraît toujours le même. Les premiers dégâts sont visibles entre 40 ans et 60 ans : diminution de la force musculaire, de l'élasticité de la peau, de la densité des os, perte des cheveux, de la tonicité des artères... Entre 60 ans et 70 ans, les maladies graves, comme les cancers et celles touchant le cœur et les vaisseaux sanguins, deviennent beaucoup plus fréquentes. Et à partir de 70 ans, le risque de développer des troubles des fonctions cognitives et des maladies neurodégénératives, telles celles d'Alzheimer ou de Parkinson, augmente. Autant de fragilisations successives qui nous rendent de plus en plus sensibles à des perturbations qui, dans un corps jeune et robuste, seraient restées anodines.

Funestes radicaux libres

Si ces pathologies se multiplient avec l'âge, c'est que chacune correspond, en fait, à une altération d'organes particuliers (muscles, cœur, cerveau...). Mais pourquoi ces organes se dégradent-ils inexorablement avec le temps ? Un peu comme n'importe quelle machine, les différents tissus de notre corps subissent sans cesse des agressions de l'environnement : tensions mécaniques, blessures, infections par des agents pathogènes, substances toxiques, rayons UV... Au-delà, les mécanismes mêmes de la respiration cellulaire produisent, au niveau des cellules, des molécules très agressives et de funeste réputation : les radicaux libres. « *Des composés à qui il manque des électrons [...] qu'ils volent à toutes les molécules qu'ils rencontrent, altérant ADN, lipides, protéines, mitochondries, bref, tout ce qui permet à la cellule de fonctionner correctement* », explique Annie Sainsard-Chanet.

Mais heureusement pour nous, un organisme vivant n'est pas une machine. Il se reconstruit en permanence : la majeure partie des cellules de notre corps, telles celles de la peau, est en effet « renouvelable ». Dès notre naissance, chaque jour, une multitude d'entre elles meurent mais sont remplacées - le bon fonctionnement de la mort cellulaire est d'ailleurs une condition de ▶

▶ notre développement et de notre survie. Et même les cellules qui ne se divisent plus et doivent donc perdurer toute notre vie, tels neurones ou cellules cardiaques, disposent de mécanismes de maintenance capables, par exemple, de réparer l'ADN. Chaque jour, notre corps lutte donc contre l'usure. Avec succès au début. Puis de moins en moins. Car c'est une lutte perdue d'avance. Les cellules que l'on pourrait donc qualifier de non-renouvelables : au fil du temps, les altérations, qu'il s'agisse de mutations de l'ADN ou de dégradations des mitochondries, s'accumulent dans la cellule, atteignant les mécanismes de maintenance eux-mêmes. Jusqu'à mettre en péril le fonctionnement de l'organe. Dans les cellules renouvelables, le processus est différent mais tout aussi irréversible. Ainsi, bien que les cellules de la peau se renouvellent, ce remplacement n'est pas infini : la peau d'une personne de 75 ans n'est pas aussi lisse et souple que celle d'un enfant.

Renaud Persiaux, *Science et Vie*, Hors série 248.

CORRIGÉ

NOTE DE SYNTHESE

Ces deux textes sont très complémentaires pour donner une définition de la mort. Le premier la présente d'un point de vue clinique, en tant qu'événement de fin de vie. Le second la décrit en tant que processus de vieillissement.

Le constat clinique de la mort

La mort, c'est l'arrêt des fonctions vitales

Mais c'est avant tout le cerveau, centre de commande des fonctions de l'organisme, qui, en cessant de fonctionner, engage un processus irréversible. Un cadavre froid n'est pas un organisme totalement arrêté. Pour constater la mort, on contrôle le pouls et les battements du cœur. La mort du cerveau est en effet généralement précédée de l'arrêt de la circulation sanguine et de la respiration.

Un cerveau a trois façons de mourir : manque d'oxygène, vieillesse des cellules, inflammation destructrice de ses cellules

Le plus souvent, c'est un problème de vascularisation, une irrigation ralentie en sang, un déficit en oxygène pour le cerveau pour lequel c'est un apport vital. Sans intervention médicale, mort des cellules du cerveau, avec arrêt définitif du cœur et des poumons et dysfonctionnement général du moi, du surmoi et des organes.

La mort ou l'avancée d'un long scénario

Les offenses du temps sur la peau et l'organisme sont des signes avant-coureurs de mort

Quelques avancées scientifiques n'en ont pas levé le mystère. Au fil du temps, nos corps deviennent de plus en plus fragiles, de plus en plus perturbés.

Le temps des maladies graves se situe globalement après 60 ans et c'est en général à partir de 70 ans que se multiplient les risques de troubles des fonctions cognitives et des maladies neurovégétatives (Parkinson ou Alzheimer).

La fatalité des radicaux libres

La dégradation des organes s'explique par une infinité d'agressions venues de l'extérieur et de leur environnement cellulaire et moléculaire. Les radicaux libres, molécules à qui il manque des électrons, sapent le bon fonctionnement cellulaire.

Entre le réparable et l'irréversible

Dès sa naissance, le corps profite d'une efficace maintenance pour corriger les dégradations cellulaires ou leurs dysfonctionnements. C'est seulement quand les mécanismes de maintenance se dégradent qu'il y a péril pour les organes et le renouvellement cellulaire.

(360 mots)

SUJET 25 La Réunion II (janvier 2009)

Durée : 2 heures

NOTE DE SYNTHÈSE (20 POINTS)

À partir du document ci-joint, vous réalisez une synthèse sur le sujet suivant : La précarité.

Votre synthèse très condensée doit se situer dans une fourchette de 350 mots à 400 mots.

Tous les mots comptent, qu'ils soient des mots « pleins » (noms, verbes, adjectifs...) ou des mots outils (articles, auxiliaires du verbe, prépositions, conjonctions de coordination ou de subordination, négations...). Les mots composés comme « parce que » ne valent qu'un.

Les multiples visages de la précarité

Pour réduire la précarité en France, il faut tout d'abord la localiser, ce qui est aujourd'hui difficile. Les nouveaux pauvres apparaissent désormais là où l'on ne les attend pas. Et pour cause : les classes populaires sont déstructurées, les classes moyennes se désagrègent, et une confusion s'instaure entre malaise social et exclusion « raciale ».

La précarité existe parfois là où on ne l'attend pas. Voici le cas de Mme X, docteure en géographie humaine, qui donne des cours à l'université en tant que vacataire. Ce statut est surtout avantageux pour la faculté, qui ne paie pas de charges sociales pour cet emploi censé être un supplément pour quelqu'un déjà salarié. Dans la pratique pourtant, pour avoir le droit de donner des cours, surveiller des examens et noter les élèves, Mme X avoue qu'elle a recours à un prête-nom : puisqu'il faut fournir la preuve que l'on est salarié par ailleurs, elle a fourni la fiche de paie de sa sœur, qui est responsable d'accueil à la Société protectrice des animaux ! En conséquence, Mme X est non seulement précaire (les rémunérations pour une charge de cours sont faibles) mais elle n'existe pas officiellement – donc pas de cotisation retraite, pas de couverture maladie, etc. On ne peut évidemment pas chiffrer ce genre de cas, pourtant fréquents et advenus parfois grâce à la complicité de l'administration universitaire... Il reste que, à côté des 53 000 enseignants-chercheurs titulaires, existent 27 000 non-titulaires, dont beaucoup ne vivent pas dans l'opulence. De manière plus générale, et contre toute attente, les chiffres montrent qu'il existe plus d'emplois précaires dans le secteur public que dans le privé !

Cet exemple permet de poser une question de fond : comment identifier les nouvelles formes de pauvreté ou de précarité ? Question à laquelle on est bien obligé de répondre avant de proposer la moindre solution ! En effet, si les médias insistent aujourd'hui volontiers, avec beaucoup de compassion, sur les cas d'exclusion extrême dans la société française – le cas récent des ▶

tentes de SDF le long du canal Saint-Martin à Paris étant exemplaire –, on ne saurait oublier qu'une crise structurelle secoue le pays, avec pour conséquence une augmentation de la précarité pour une grande partie de la population… C'est bien ce que montrent les auteurs d'un ouvrage collectif, *La France invisible* : des populations entières vivant dans la pauvreté mais qui, malgré leur nombre, n'apparaissent nulle part. Pour comprendre ce qui se passe aujourd'hui, des sociologues proposent un retour sur les transformations subies en trente ans par les classes populaires et moyennes.

La disparition des valeurs ouvrières

Dans les premières décennies du XXe siècle, la classe paysanne disparaît presque complètement en France. Les classes populaires, celles qui se trouvent au bas de la hiérarchie sociale du pays, sont alors réduites aux seuls ouvriers. Jusque dans les années 1970, il était encore légitime de parler de « classe ouvrière » dans la mesure où les ouvriers partageaient des conditions économiques, sociales et culturelles communes. Pour le sociologue Gérard Mauger, outre les mêmes conditions salariales, les ouvriers se distinguaient par une ségrégation sociale qui commençait dès l'école et se consolidait avec l'acquisition d'un métier dans la production industrielle. La ségrégation était aussi spatiale puisque les ouvriers habitaient tous les cités ouvrières ou les banlieues ouvrières. Leur condition était « verrouillée » du fait de la très faible possibilité d'ascension sociale. À quoi s'ajoutait une culture commune, fondée sur une « auto-exclusion consentie » (les bourgeois ne sont pas comme nous, affirmaient les ouvriers), sur un discours valorisant la force physique et le « franc-parler » et sur une identité politique forte, liée au Parti communiste et aux syndicats ouvriers.

Aujourd'hui, tous ces vieux repères sont brouillés. En effet, les métiers ouvriers traditionnels ont presque tous disparu à cause de l'avènement de l'automatisation et de la disparition de nombreuses branches de la production industrielle en France. En outre, le discours politique ouvrier est désormais disqualifié à cause de l'effondrement du « socialisme réel », c'est-à-dire du bloc soviétique. Enfin, la culture ouvrière s'est désagrégée depuis que les emplois désormais offerts aux jeunes des classes populaires se trouvent dans le secteur des services. Dès lors, à cause de cet effet de « déségrégation », les classes populaires veulent accéder aux valeurs bourgeoises et modernes de la société de consommation, accéder à la propriété, etc. Une part des anciennes classes ouvrières a effectivement pu monter le long de l'échelle sociale. Mais pour ceux qui sont restés au bas de l'échelle – ouvriers déqualifiés, chômeurs de longue durée, familles issues de l'immigration –, la ségrégation économique, sociale et culturelle se révèle encore plus forte qu'avant.

Est-ce que les classes dites « moyennes » ont pour autant été épargnées ? Il semble que non. Admettons, en suivant le sociologue Louis Chauvel, qu'il est difficile de définir les classes moyennes : supposées n'être ni populaires, ni « supérieures », et donc bien floues. Cet auteur postule tout de même l'existence de cette classe, dont les membres sont décrits par trois critères :

un critère économique (le revenu médian français, soit 1 850 euros nets mensuels), un critère socioprofessionnel (certes un peu « fourre-tout » car il comprend les professions « intermédiaires » telles que les secrétaires ou employés administratifs, les cadres, les professions intellectuelles supérieures telles que les professeurs du public et les employés qualifiés tels que les contremaîtres) et enfin un « sentiment d'appartenance » à ladite classe, appuyé par une mythologie du progrès (les enfants sont supposés pouvoir s'en sortir « par le haut »). Pour L. Chauvel, qui en tout cas ne mâche pas ses mots, les classes moyennes sont aujourd'hui à la dérive [...]. Dans une société d'incertitude et de post-abondance, il existerait un décalage énorme entre les aspirations des jeunes générations issues des classes moyennes et leurs moyens économiques réels : c'est l'effet du « déclassement générationnel ». En effet, explique le sociologue, alors que leurs parents avaient pendant les Trente Glorieuses acquis un niveau de vie très appréciable, les enfants, entre 15 et 35 ans (et ce quel que soit leur niveau scolaire, de bac -4 à bac +13 !), ne trouvent pas de travail ou un travail mal payé. Alors que la méritocratie s'effondre, ils assistent, dans tous les secteurs (entreprise, milieu artistique ou intellectuel), au retour des « fils de », se surendettent et ne s'en sortent que grâce au soutien financier de la famille, en train de se généraliser.

Une impasse civilisationnelle

Désormais « sans projet », cette nouvelle classe moyenne aurait rejeté toute idée de progrès et s'abîmerait dans l'anxiété et l'anomie. Ce phénomène aurait pour corollaire à la fois un mécontentement général chez les jeunes générations (visibles à travers les manifestations anti-CPE, le mouvement des jeunes chercheurs ou les émeutes des banlieues) et une défiance vis-à-vis du politique (censée expliquer le non massif à l'Europe et la montée de l'extrême droite). La situation actuelle déboucherait, conclut de manière bien pessimiste L. Chauvel, sur une « *impasse civilisationnelle* » !

C'est finalement l'ensemble de la société française qui semble touché aujourd'hui, comme le souligne le récent rapport du Centre d'analyse stratégique (CAS) pour l'année 2006 : les experts concluent que les « *clivages structurels demeurent* » et que « *les phénomènes de ségrégation se renforcent* », relevant le développement d'emplois, notamment dans le tertiaire, plus précaires et moins structurants, un renforcement des inégalités de genre et un creusement des écarts générationnels. Pour en déduire que « *le niveau de vie de l'ensemble des Français se détériore* ». Ce même constat est fait par les chercheurs de l'Observatoire sociologique du changement. Dans un livre récent, ceux-ci font état d'un accroissement global des inégalités : renforcement de la ségrégation résidentielle (développement de l'entre-soi des nantis et relégation des pauvres dans les quartiers « difficiles »), affaiblissement des protections sociales, à quoi s'ajouterait une « ethnicisation » des inégalités.

On retrouve ici l'une des grosses questions qui agitent depuis quelque temps l'espace public français : puisque les classes populaires et moyennes sont mal en point, n'assiste-t-on pas à la disparition de la « question sociale » qui se

métamorphoserait désormais en une « question raciale » ? En d'autres termes, les inégalités de race se sont-elles substituées aux inégalités de classe ?
L'historien de l'immigration Gérard Noiriel est revenu récemment sur ce débat complexe. Selon lui, c'est paradoxalement la victoire du discours antiraciste qui a fait que la lutte contre les discriminations raciales est devenue un thème politique et médiatique consensuel. En effet, pour prouver qu'il n'existe pas d'inégalités naturelles entre les races humaines, les tenants du discours antiraciste ont diffusé largement des images de personnages héroïques (Zinedine Zidane ou Yannick Noah par exemple) qui se distinguaient non seulement par leurs qualités personnelles, mais aussi par la couleur de leur peau et leur origine ethnique [...]. La conséquence fut que la race revint sur le devant de la scène et fut intégrée dans le discours politique, en particulier par les exclus du système (« Blacks » et « Beurs », notamment). Si on lit bien G. Noiriel, on en déduit qu'expliquer les nouvelles inégalités sociales par des discriminations raciales ne fait que noyer le problème. Il y a des inégalités de plus en plus fortes entre les habitants des banlieues et ceux des quartiers riches, mais les expliquer par le racisme (qui existe certes) est insuffisant et relève d'un discours politique. C'est aussi oublier que dans les nouvelles zones de pauvreté se côtoient diverses populations d'origine immigrée mais aussi les déclassés issus des anciennes classes ouvrières – peut-être moins visibles aujourd'hui dans les médias puisque c'est le discours sur la race qui est mis en avant.

Inventer un nouveau modèle social

Quoi qu'il en soit, beaucoup de monde semble s'entendre sur la dérive actuelle de la société française. Mais toute la difficulté est alors d'identifier les groupes sociaux en difficulté. En effet, la précarité est diffuse, elle semble partout et nulle part, car on ne peut pas l'appréhender en termes de classes (fussent-elles ouvrières, populaires ou moyennes) ou de races [...]. Le problème est donc structurel et appelle des solutions générales : celles-ci émanent des économistes.
Pour Michel Rocard, il faut inventer un *« capitalisme éthique »* qui inclurait un contrôle des salaires par le haut et par le bas, c'est-à-dire que, si l'on veut lutter contre la montée de la précarité et des exclusions, il faut revaloriser les bas salaires (en augmentant le Smic et en appuyant les négociations salariales) mais aussi revoir à la baisse les salaires mirobolants des grands patrons des sociétés multinationales, qui atteignent parfois 400 fois le salaire moyen de leurs employés, ce qui n'est jamais arrivé dans l'histoire du capitalisme ! Pour un autre économiste, Bernard Gazier, il faut inventer un « nouveau modèle social » qui combinerait les diverses avancées que l'on peut constater dans les pays européens : développer le travail à temps partiel et la « flexicurité » (mélange original de flexibilité et de sécurité par des droits au chômage forts) comme en Hollande ; intensifier les politiques de l'emploi comme au Danemark ; favoriser une vraie parité entre hommes et femmes

comme en Suède ; enfin, miser sur l'essor des réseaux associatifs et la gestion municipale du temps comme en Europe du Sud. Le recours à ces différentes techniques permettrait de fabriquer un nouveau modèle plus efficace que le social-libéralisme proposé par Tony Blair et Anthony Giddens, affirme B. Gazier. Dans ce nouveau système, les individus pourraient choisir leur métier et en changer s'ils le souhaitent. En outre, on verrait la disparition des emplois routiniers et peu formateurs, qui céderaient la place à des emplois choisis, à temps de travail réduit, et permettraient de faire travailler plus de personnes tout en laissant aux salariés du temps pour se consacrer aux autres tâches sociales.

Régis Meyran, « Peut-on changer la société ? »,
Les Grands Dossiers des sciences humaines, n °6, mars-avril-mai 2007.

CORRIGÉ

NOTE DE SYNTHESE

La précarité est donnée ici comme un signe majeur de crise sociale : mal repéré, difficile à analyser, mal interprété et complexe à exploiter.

Difficile localisation de la précarité

Il n'y a plus d'approche sociologique exacte de la pauvreté. Elle peut se retrouver, par les mécanismes de rémunération des vacataires, jusque dans les emplois de l'enseignement supérieur. Le secteur public use plus que le privé de ce type d'emplois. Étendue aux classes moyennes, la pauvreté brouille l'approche que l'on est habitué à en faire.

Difficultés d'analyse

La rupture avec le passé

Pour les trois quarts du XXe siècle, jusqu'en 1970, le bas de l'échelle sociale a été représenté par la classe ouvrière résignée aux clivages sociaux, scolaires et salariaux qui la verrouillaient dans une exclusion assumée mais militante, par la voie communiste et syndicale.

Brouillages sociologiques actuels

Les transformations industrielles, politiques et sociales des Trente Glorieuses ont participé à l'implosion de la classe ouvrière. Une partie s'est embourgeoisée, une autre s'est gravement fragilisée. Les classes moyennes subissent un déclassement générationnel, ne pouvant plus garantir la promotion sociale de leurs enfants. Ceux-ci, faute de méritocratie agissante, ont à évoluer dans un monde d'héritiers avec pour eux le surendettement et la seule aide familiale.

L'impasse civilisationnelle

On observe aujourd'hui de très nombreux et graves facteurs de remise en cause de l'idée de progrès et de confiance en l'avenir. La détérioration du niveau de vie des Français se généralise.

Un débat faussé

La tendance actuelle du discours médiatique à ethniciser cette détérioration introduit un faux débat. On semble reconnaître la substitution de la question raciale à la question sociale : plus d'inégalités de classes, mais des inégalités de races. On noie ainsi le problème des vraies inégalités : celles de l'habitat. Le fossé entre les habitants des beaux quartiers et ceux des banlieues, zones de pauvreté, n'est pas plus explicable par le racisme que par le déclassement de certains éléments de la classe ouvrière.

Des solutions verbales

Pour corriger la dérive actuelle, on s'en tient à des propositions qui restent pour l'instant verbales.

Celles qui se fondent sur le contrôle des salaires pour la revalorisation des bas salaires avec la réduction des écarts salariaux.

Celles qui veulent rompre avec la rudesse du social-libéralisme, par la mise en place d'une politique du travail très souple et très opératoire pour concilier travail, formation permanente et qualité de vie.

(399 mots)

SUJET 26 La Réunion III (janvier 2009)

Durée : 3 h 30

QUESTIONNAIRE (20 POINTS)

QUESTION 1

L'élection de Barack Obama aux élections présidentielles des États-Unis a suscité de gros espoirs au sein de la communauté noire américaine.

En quoi cette élection peut-elle profondément modifier les choses aux États-Unis ?

QUESTION 2

Le film *Bienvenue chez les Ch'tis* vient d'avoir un succès populaire considérable en France, avec près de 20 millions d'entrées !

Comment l'expliquez-vous ?

QUESTION 3

Les « Kwassa Kwassa » traversent quotidiennement le bras d'océan qui sépare Anjouan de Mayotte ; avec le lot de drames dont la presse se fait régulièrement l'écho, que vous inspirent ces faits ?

CORRIGÉ

QUESTIONNAIRE

QUESTION 1

L'élection de Barack Obama a suscité de grands espoirs dans la société noire américaine et est apparue comme une revanche éclatante sur l'histoire de la traite et de la ségrégation. Mais les dossiers que George W. Bush a transmis à Barack Obama sont des pièges pour l'espoir immense suscité par le nouveau président. Sa marge de manœuvre reste très étroite.

Élu à l'heure de la pire crise financière depuis le cataclysme de 1929, confronté à un taux de chômage inédit depuis trente ans, le président de tous les espoirs est en butte aux réalités du pouvoir et aux avanies du Congrès.

La réforme de l'assurance-maladie, obtenue au forceps par Barack Obama l'été dernier après de longs mois de débats et de manifestations et d'hostilité, parfois même de parlementaires démocrates, a été une grande avancée sociale, une réforme historique.

À désormais moins de deux ans de la présidentielle, qui se déroulera en novembre 2012, Barack Obama se retrouve en fait dans une situation connue par plusieurs de ses prédécesseurs. Début 1995, Bill Clinton, alors dans son premier mandat, avait également dû faire face à un Congrès hostile. Il avait pourtant été réélu haut à la main en 1996.

QUESTION 2

L'histoire cocasse d'un directeur d'agence postale (Kad Merad) du Sud de la France muté au fin fond du Nord, dans la petite ville de Bergues, fait le bonheur des spectateurs.

Bienvenue chez les Ch'tis est désormais le film français ayant réalisé le plus grand nombre d'entrées. Il détrône *La Grande Vadrouille*, qui avait accompagné toutes les générations depuis les années 1960.

Les deux films ont des points communs : ils évoquent la France profonde, les bons sentiments, l'autodérision. Ils représentent un pan du cinéma français, qui réalise ses meilleurs scores avec des comédies comme *Astérix*, *Les Visiteurs*, *Don Camillo*.

QUESTION 3

Kwassa Kwassa est le nom comorien des petits canots de pêche rapides de 7 mètres, à fond plat et nantis de deux moteurs. À l'origine, c'est le nom d'une danse congolaise connue pour être très rythmée et saccadée. Dans les Comores, le terme « Kwassa Kwassa », a fini par désigner ces canots qui tanguent énormément. De là le drame des « kwassa », où de nombreuses personnes prennent chaque jour le risque de se rendre sur l'île de Mayotte pour une traversée de 70 kilomètres, dans un bras de mer réputé pour être mortel, et ce afin de trouver l'assistance minimale, donnée à tout un chacun, dans un département français.

SUJET 27 La Réunion IV (janvier 2009)

Durée : 3 h 30

QUESTIONNAIRE (20 POINTS)

QUESTION 1

Le président des États-Unis Barack Obama a reçu le prix Nobel de la paix et défend un droit à la guerre en décidant d'envoyer 30 000 soldats en Afghanistan. Qu'est-ce que cela vous inspire ?

QUESTION 2

Des enfants peuvent jouer à s'étrangler avec « le jeu du foulard ». Quelles sont vos connaissances sur ce jeu et comment le combattre selon vous ?

QUESTION 3

La situation de l'emploi est critique à La Réunion. Qu'en savez-vous ?

CORRIGÉ

QUESTIONNAIRE

QUESTION 1

À West Point, Obama a présenté sa vision de la guerre. Le président a décidé d'envoyer 30 000 hommes de plus en Afghanistan. Le rôle des troupes va évoluer : les soldats devront protéger la population et aider à la formation de l'armée afghane. De plus, Obama a fixé une date butoir marquant le commencement du désengagement américain. Dans son discours, il précise bien qu'il s'agit de passer le relais de la sécurité nationale à l'armée afghane. Obama formule là un double message : il rassure le peuple américain en confirmant que son armée n'est pas engagée dans une guerre à « durée indéterminée » ; et dans le même temps, il dit aux Afghans et aux Pakistanais qu'il ne les abandonnera pas, que les États-Unis seront à leurs côtés aussi longtemps que nécessaire.

On est encore dans une approche embarrassante de cette guerre, quand Obama insiste sur sa dimension internationale, assurant que les alliés de l'Amérique (pays de l'OTAN, ainsi que d'autres nations) enverront 5 000 hommes de plus en Afghanistan.

Une telle déclaration est dérangeante. Certes, 41 pays ont envoyé des hommes en Afghanistan. Mais seuls 9 d'entre eux en ont envoyé plus de 1 000 (les États-Unis, la Grande-Bretagne, le Canada, la France, l'Allemagne, l'Italie, les Pays-Bas, la Pologne, et l'Espagne), et seuls la Grande-Bretagne et les États-Unis en ont envoyé plus de 5 000. Parmi les alliés, 7 pays ont envoyé… 10 hommes, ou moins.

Quand Bush a quitté le bureau ovale, les soldats américains constituaient un peu moins de la moitié de la force internationale en Afghanistan. Lorsque les renforts d'Obama seront en place, cette proportion atteindra les 70 %. Cette guerre n'est pas de moins en moins américaine : elle l'est de plus en plus.

QUESTION 2

Le jeu du foulard fait partie des jeux à risques que pratiquent beaucoup de jeunes écoliers et collégiens. Il y a en effet une redoutable tendance ludique chez les très jeunes à jouer à s'asphyxier pour un « rêve bleu » ou 30 secondes de bonheur. Le jeu du foulard est un étranglement, soit par un autre enfant, soit seul avec des accessoires. Il s'agit d'une sorte de drogue qui ne coûte pas cher, certains enfants vont rechercher les hallucinations, d'autres un plaisir physique... quand ils ne sont pas simplement poussés par leurs camarades. Or il suffit que le cerveau reste plus d'une minute sans oxygène pour risquer l'arrêt cardiaque. Mais il ne s'agit absolument pas de tentatives de suicide. Au contraire, tous les enfants victimes de ces jeux avaient des projets, étaient joyeux... Il n'existait chez eux aucun signe qui peut précéder une tentative de suicide.

Parents et enseignants doivent donc être les acteurs de la prévention. L'Éducation nationale doit veiller à l'information de tout son personnel, des familles et bien sûr des élèves. Les parents, eux, ont à être particulièrement attentifs aux pressions et engrenages dont pourraient être victimes leurs enfants.

Comme ersatz à ces jeux qui fascinent beaucoup trop de jeunes, on peut s'employer à développer dans le cadre scolaire des activités bien encadrées de sport à risques, susceptibles d'apporter ce plus d'émotion que cherchent certains jeunes.

QUESTION 3

Presque un tiers de la population active de La Réunion est au chômage. Le nombre de demandeurs d'emploi est en hausse pour tous les âges. En fait, on retrouve les mêmes tendances qu'en métropole : fort chômage des jeunes et des seniors et disparité à l'emploi pour les femmes. Mais l'ensemble des taux reste plus élevé. Le contexte de crise d'activité dans bien des secteurs suffit sans doute à expliquer ces mauvais chiffres. C'est la spirale de l'inactivité.

Toutefois ce chômage de masse a une spécificité réunionnaise qu'analyse Nicolas Roinsard dans son ouvrage, *La Réunion face au chômage de masse. Sociologie d'une société intégrée* (Rennes, Presses universitaires de Rennes, 2007). Il met en évidence l'impact du RMI sur les comportements à l'égard du travail. Dans un contexte de prolifération d'emplois saisonniers ou précaires, l'accès à un revenu de solidarité entraîne le refus de tâches faiblement rémunérées auxquelles il n'est désormais plus indispensable d'avoir recours pour subsister. De là, par exemple, des pénuries de main-d'œuvre dans les plantations de canne à sucre. Ainsi, loin d'être d'abord, comme le souhaitaient ses concepteurs en métropole, un moyen d'accompagnement de trajectoires d'insertion ou de réinsertion professionnelle, le RMI a contribué à renforcer les prises de distance à l'égard du travail. Le RSA, mis en place en janvier 2011 à La Réunion, devrait corriger les brouillages du RMI en apportant des compensations financières aux bas salaires.

SUJET 28 Rhône-Alpes I (février 2010)

Vous montrerez par des exemples concrets que la confusion entre respect et politesse, soin, obéissance, peur, fausse le sens du mot « respect » ; puis vous proposerez votre propre définition du respect des personnes quelles qu'elles soient même si elles affichent une différence.

Vous répondrez dans un développement construit et argumenté de 60 lignes minimum et 90 lignes maximum. (20 POINTS)

Les clés pour réussir

Choisir des niveaux de définition distincts mais en progression pour l'approfondissement de la question posée.

« On s'imagine qu'en disant merci au charcutier, bonjour au chauffeur de bus, qu'en couvrant soigneusement ses livres au début de l'année, en manifestant pour les baleines et en laissant les piétons traverser la rue, on baigne dans le respect.

On s'imagine qu'en se faisant obéir, on se fait respecter. On s'imagine qu'en se faisant craindre, on se fait respecter. Confondre le respect avec la politesse, le soin, l'obéissance, la peur ou d'autres choses, c'est embêtant : à force de ne pas respecter le mot « respect », le respect, le vrai, on ne saura plus ce que c'est. »

Brigitte Labbé, Michel Puech, *Le Respect et le mépris*, coll. « Les goûters philo », Toulouse, Milan jeunesse, 2005.

CORRIGÉ

Il est facile de définir le respect par ce dont il est proche et par ce qu'il n'est pas. Toutefois la façon dont il s'exprime et que l'on appelle « les marques de respect » peut prêter à confusion. Il semble plus juste de définir le respect en association avec les grands principes des droits de l'homme.

Les marques de respect

Leurs objets

Selon le sens commun, on doit respecter celui auquel on reconnaît une certaine supériorité en raison de son âge, de ses fonctions ou de son mérite. Mais de plus en plus, le respect devient un devoir élargi à des objets beaucoup plus imprécis ou abstraits : par exemple, la nature, le handicap, la différence, la diversité, le consommateur, le client...

Leurs formes

Pour s'exprimer le respect instrumentalise des attitudes et des comportements qui peuvent relever simplement de la politesse, de la docilité, de la crainte, voire de l'arrivisme courtisan. On ne peut pas dire si le soldat au garde-à-vous devant son adjudant joue ou exprime le respect. Crainte et docilité peuvent produire les mêmes attitudes que celles inspirées par le respect authentique. Même raideur chez celui qui a un couteau sur la gorge et chez le garde royal ou républicain qui est à la porte d'un palais. Il est ainsi très difficile de différencier le respect de toutes sortes d'attitudes approchantes. Ainsi le montre en ces termes le philosophe Fontenelle : « *Devant un grand seigneur je m'incline, mais mon esprit ne s'incline pas.* » Le respect authentique ne peut pas non plus s'évaluer à partir des mots, chacun disposant des ressources de l'hypocrisie pour exprimer verbalement un faux respect : le renard et l'agneau de La Fontaine nous en disent long sur ce sujet.

Les codes de la vie quotidienne fixent de plus en plus l'obligation de relations interpersonnelles où chacun doit se sentir important et reconnu. De là les salutations mécaniques dans les bus et aux caisses des grandes surfaces.

Le manque de respect

La réflexion sur le respect, dans le monde occidental, a pris depuis quelques années une place centrale dans les débats publics en raison de la perception de très graves manquements en des domaines nombreux et variés. Ces manquements ont révélé la nécessité de redéfinir la notion de respect.

Ce sont les violences et les incivilités qui se sont produites dans le monde scolaire qui ont fait avancer le plus cette réflexion. Les manques de respect dont ont été victimes l'institution scolaire et tous ses acteurs, élèves et personnels, ont instauré un champ de réflexion qui a mis en lumière les implications de la socialisation scolaire dans le déclin du respect. Le grand dossier national « Le Respect, ça change l'école » a permis de préciser la notion de respect pour les jeunes générations en termes de valeurs sociales, individuelles et citoyennes. Le respect à l'école doit être un outil de réussite individuelle et un préambule à la citoyenneté.

Une redéfinition du respect

Le respect est aujourd'hui de plus en plus un thème de revendication sociale et politique. Il représente la valeur qui donne toute sa dynamique à la lutte contre les discriminations. Respecter quelqu'un signifie de plus en plus lui reconnaître un absolu de dignité humaine que rien ne peut altérer. On a redéfini le respect depuis quelques décennies en utilisant les principes d'altruisme et d'universalité inscrits dans la *Déclaration des droits de l'homme.*

Conclusion

Le respect devient peu à peu un paradoxe de progrès dans les sociétés les plus avancées : il est à la fois une reconnaissance de droit à l'égalité et de droit à la différence.

SUJET 29 Rhône-Alpes II (février 2009)

Aujourd'hui, les grands-parents sont très actifs, ils s'investissent dans des associations, ils assument parfois la garde de leurs petits-enfants…
À votre avis quelles places tiennent-ils dans notre société ? Quels rôles leur reconnaît-on aujourd'hui dans la structure familiale ? À partir de vos constats, argumentez et donnez votre point de vue. (20 POINTS)

Les clés pour réussir

Le sujet vise la généralité ; il faut s'y tenir.

CORRIGÉ

De nombreuses enquêtes apportent des éclairages intéressants sur la façon dont les seniors aujourd'hui ne transforment plus leur retraite en retrait des activités sociales et familiales. Pour des raisons démographiques, culturelles, économiques et médicales ils prennent une participation de plus en plus prépondérante dans la vie sociale et dans la structure familiale.

L'argument démographique

On le sait, l'espérance de vie ne cesse de s'allonger et, en même temps, jamais la natalité n'a été aussi basse. Résultat : dans les prochaines générations, le nouveau jeu familial se constituera à partir de moins d'enfants et de plus de grands-parents et arrière-grands-parents.

L'argument culturel

La montée en nombre des seniors en raison d'une longévité croissante est constitutive de valeurs et d'espaces culturels inspirés par une « idéologie jeuniste », dominante depuis plus d'un demi-siècle dans le monde occidental.

Le bon ton du comportement senior, c'est l'ouverture au monde par Internet, les voyages, la vie associative, le bénévolat sous ses formes les plus diverses. La plupart des seniors restent suffisamment axés sur les valeurs actuelles pour ne pas sembler hors du temps ou démodés à leurs petits-enfants. Entre parents et grands-parents, les clivages culturels et générationnels se réduisent de plus en plus. De là le précieux recours que sont grands-pères et grands-mères pour les jeunes familles. Beaucoup de publicités se sont emparées du cliché familial où sont rassemblées trois générations en parfaite entente pour telle ou telle activité, sans exclusion d'âge.

L'argument économique

Parce qu'ils sont les enfants des Trente Glorieuses, c'est-à-dire de la grande expansion des années 1945-1975, les seniors d'aujourd'hui bénéficient pour beaucoup d'un niveau de fortune et de revenus qui leur permet de vivre loin de la précarité qui frappe les plus jeunes. La société de consommation s'intéresse à eux et ils deviennent de plus en plus les cautions financières de référence pour leurs enfants ou petits-enfants.

L'argument médical

Les progrès de la médecine sont le fer de lance des avancées de l'espérance de vie. Mais ils ne se limitent pas à assurer survie ou guérison. Il y a pour tous un soutien médical anti-âge qui, par la diététique, la prévention ou la thérapie, aide à vieillir en bonne santé. De là des générations de seniors qui peuvent rester performants non seulement pour faire du sport ou se divertir, mais aussi pour coopérer efficacement aux obligations de la société active.

Conclusion

Les générations actuelles de seniors bénéficient du dynamisme d'un passé qui sur de nombreux plans les a stimulés, protégés et conditionnés de façon à faire de la dernière partie de leur vie une étape enrichissante et généreuse.

PARTIE

2

Épreuve orale

CHAPITRE

3 Comment aborder l'épreuve

Comme les écrits d'admissibilité, l'admission orale n'est pas organisée de la même manière dans tous les établissements. Elle se présente le plus souvent sous la forme d'un entretien individuel (ou plusieurs), suivi d'un entretien collectif.

Les entretiens individuels

L'entretien professionnel

On entend par entretien individuel un face-à-face entre le candidat et un jury composé d'un psychologue, d'un professionnel du secteur social et/ou d'un formateur de l'école. Toutes les configurations sont possibles. Cet entretien dure généralement entre 30 et 45 minutes, parfois plus, en fonction des « cas ». Le jury sera quelquefois très directif, posant de nombreuses questions, coupant même la parole au candidat ; il semblera parfois plus lointain, en attente, laissant au candidat le soin d'argumenter sur ses motivations et sa personnalité. Il faudra être prêt à tous les cas de figure et faire montre de fortes capacités d'adaptation.

Il n'existe pas, *a priori*, de bonnes et de mauvaises réponses, autrement dit de bons et de mauvais parcours : tout dépend de la cohérence du projet, de sa maturité, de la capacité des candidats à convaincre de leurs motivations. Le jury appréciera l'aptitude du futur moniteur-éducateur à se confronter aux réalités sociales, sa capacité à établir des liens entre son parcours (professionnel et/ou extra-professionnel) et la formation aux métiers du social. Les travailleurs sociaux doivent mobiliser leurs ressources intellectuelles et personnelles pour mettre en place des actions, engager des projets. Professionnellement, le jury évalue le degré d'élaboration du projet. Chaque candidat doit être capable de mettre en perspective sa démarche d'orientation (autrement dit la manière dont il approfondit sa connaissance du métier et des pratiques) avec la réalité du terrain.

Le candidat doit aussi exprimer son intérêt pour la formation et la profession, formuler ses motivations dans un discours clair, cohérent, structuré. Les membres du jury attendent des étudiants qu'ils sachent analyser leurs expériences, prendre de la hauteur par rapport à leurs stages ou périodes salariées pour en retirer des leçons, des principes ou des questionnements. Certes le travail social requiert du dynamisme, du volontarisme, un certain « allant »... Cependant, cette vitalité doit cohabiter avec le recul, la distance, et la capacité à se remettre en cause.

L'entretien de personnalité

D'un point de vue psychologique, les écoles sélectionnent les candidats capables d'écouter, de se décentrer, de prendre de la distance avec leur histoire personnelle. Le travail social ne convient guère aux personnes égocentriques, uniquement tournées vers leurs intérêts et leurs problèmes. Il s'agit tout au contraire d'établir du lien, du relationnel, tant avec les publics en difficulté ou en souffrance qu'avec les autres professionnels qui interviennent auprès de ces publics. Le jury sera dès lors sensible aux indices de fragilité (faiblesse, excessive, empathie, sensibilité outrée) ou de rigidité (manque d'écoute, attitude hautaine ou insolente…) que le candidat pourra manifester. Par ailleurs, l'entretien se fixe comme objectif de détecter les déséquilibres émotionnels patents ou les manques de maturité évidents. Le candidat saura-t-il instaurer une relation éducative auprès de publics qui relèvent du champ de compétence de l'action sociale ? Pourra-t-il faire face aux situations de crises qui ne manqueront pas de se présenter à lui ? Sera-t-il capable d'accompagner les usagers dans une perspective de socialisation ? Il va sans dire que nul ne peut, avec certitude, répondre à ces questions et présager de l'avenir… Les jurys construisent néanmoins des outils suffisamment pertinents pour sélectionner les profils recherchés. Le protocole n'a rien à voir, de ce point de vue, avec un « écrémage ». Il ne s'agit en rien de dégager une « élite », les écoles de travailleurs sociaux ne visant pas la performance à tout crin. Les membres du jury cherchent plutôt à s'assurer que les candidats s'engagent dans un projet réaliste, qu'ils sont en phase avec leurs vraies aspirations, qu'ils pourront s'épanouir dans leur vie professionnelle et remplir les missions qui leur seront confiées. Dès lors, ceux qui ne sont pas sélectionnés, ne doivent pas considérer qu'ils n'ont pas été à la hauteur… Encore une fois, cette épreuve n'a rien à voir avec une compétition ! Les personnes ne sont pas recalées parce qu'elles sont « nulles », mais parce que le jury estime qu'au moment où elles passent le concours, leurs motivations et leur personnalité ne sont pas en adéquation avec les exigences de la profession. Elles risquent de ne pas se sentir à l'aise en situation professionnelle et de mettre en danger les publics dont elles ont la charge. Entrer en formation de moniteur-éducateur ne consiste pas à « essayer », tâtonner dans son orientation professionnelle. Le nombre de places est limité et les écoles veulent être sûres de trouver des candidats qui n'abandonneront pas et sauront mener leur projet à bien.

Pour devenir moniteur-éducateur, il faut faire montre d'une certaine empathie, déployer des aptitudes relationnelles, des facultés d'adaptation et une bonne maîtrise de soi.

L'exposé individuel de culture générale

Il arrive que le candidat soit amené à présenter un sujet tiré de l'actualité sociale avant ou après l'exposé de ses motivations. Il peut s'agir d'une question ou d'un texte, le plus souvent extrait d'un magazine d'information. Cette épreuve, assez rarement proposée dans les écoles, n'est guère différente, dans son contenu, des sujets de l'écrit. Toutefois, elle ne vise pas à tester les facultés oratoires du candidat, ses aptitudes à s'exprimer formellement sur un sujet (il a déjà passé l'examen rédactionnel). Il s'agit de repérer sa capacité à soulever des questionnements autour des thèmes d'actualité, à développer quelques pistes de réflexion sur les problèmes sociaux. La difficulté consiste à éviter de faire de l'écrit à l'oral... La tentation est en effet grande de préparer son sujet comme on prépare une dissertation, et de se contenter de lire ses notes. Pareille prestation n'est d'aucun intérêt pour le jury. Celui-ci attend une parole vivante, non une simple transposition de l'écrit. Soyez donc dans l'échange, même si la parole reste parfois hésitante, chevrotante... Le jury n'évalue pas des orateurs mais des personnes sensibles au monde qui les entoure.

Les entretiens collectifs

Les épreuves de groupe sont une spécificité des concours sociaux. Des candidats (entre 6 et 12 le plus souvent), regroupés autour d'une table pour une durée variable (rarement moins d'une heure), sont évalués par un jury composé de 2 ou 3 professionnels. Ces oraux collectifs ont pour but principal de tester les capacités du candidat à travailler en équipe, à s'inscrire dans des relations sociales complexes, à concevoir et accompagner des actions collectives. Cette mise en situation s'organise en général selon deux grands types d'épreuves : les débat de groupe et les réalisations collectives. Il arrive qu'au terme de ces épreuves le candidat soit amené à analyser la prestation du groupe, soit face au groupe lui-même, soit lors d'un entretien individuel.

Le débat de groupe s'organise le plus souvent autour d'une question d'actualité ou d'un texte à préparer. Les candidats doivent collaborer pour faire sortir du sujet des problématiques intéressantes, pertinentes et aboutir à une réponse structurée.

La réalisation collective requiert une implication plus créative qu'argumentative. Il s'agit de concevoir un projet à l'aide de matériaux et d'outils à partir d'un sujet.

Les entretiens à partir d'un texte

Les sujets corrigés dans les pages qui suivent ont été donnés dans le cadre d'entretiens individuels ou collectifs. Seules quelques écoles proposent des exposés individuels ou des débats à partir d'articles ou d'extraits d'ouvrage. Pour les réaliser correctement, quelques éléments méthodologiques sont à respecter.

Bien gérer le temps de préparation

- Surligner les mots-clés du sujet ou du texte à résumer ;
- dresser la liste des idées principales ;
- trouver au moins trois pistes de réflexion à partir du sujet ou du texte à résumer ;

- sélectionner dans ces pistes de réflexion la problématique dominante ;
- rédiger une phrase introductive qui soit une entrée en matière claire et vigoureuse ;
- trouver pour conclure « le mot de la fin » le plus convaincant possible, et le noter.

Bien organiser son feuillet d'intervention

Les notes de préparation, pour être bien utilisables, doivent offrir une lisibilité latérale : à l'oral, on regarde le jury, et les notes prises sont à côté de soi pour être consultées en une vision très rapide. En conséquence, il faut :

- écrire gros avec une encre foncée ;
- numéroter et surligner les titres des parties de l'exposé ;
- bien isoler dans des encadrés l'introduction et la conclusion.

Valoriser son intervention

- Par un débit oral clair, net et sans précipitation, une bonne articulation ;
- par un registre de langage simple mais sans familiarité ;
- par une attention soutenue au récepteur et à ses éventuelles réactions ;
- par un comportement naturel et vif qui donne de l'authenticité au propos.

CHAPITRE

4 Sujets corrigés

SUJET 1 Champagne-Ardenne

En vous appuyant sur les catastrophes naturelles de la fin d'année 1999, discutez des limites de la technologie moderne et des formes de solidarité ou d'individualisme que cela peut générer.

CORRIGÉ

Une catastrophe surprenante

Les 26 et 27 décembre 1999 ont été marqués par des vents que la France n'avait jamais connus. Les arbres abattus, les lignes électriques mises à terre et coupées ont été chiffrés en des bilans de catastrophe jusqu'alors inconnus. La France a dû faire appel à l'étranger pour rétablir la situation : des techniciens pour l'électricité sont venus d'Espagne et du Maroc prêter main forte au personnel d'EDF qui, au grand complet, recevait aussi le soutien de ses plus jeunes retraités. Les bûcherons canadiens ont apporté à nos militaires le renfort de leurs compétences dans les Vosges et le Massif central dévastés. L'ampleur du sinistre a été telle qu'on peut l'évoquer comme un traumatisme national.

Le constat obligé des limites de la technologie moderne

Les premiers services publics impliqués dans cette tempête ont été les services de prévisions météorologiques. Les forts coups de vent annoncés étaient très sous-évalués par rapport à la réalité. La belle informatique de prévision n'a permis le déclenchement d'aucun moyen de prévention ; les satellites d'information météo sont restés en la circonstance inopérants.

Autre secteur de pointe dont on a constaté les fragilités : l'alimentation en courant électrique. Si les centrales sont restées debout, les pylônes porteurs des fils, eux, sont tombés. EDF a dû immédiatement donner les raisons du non ensevelissement des lignes : l'optimisme et le souci de restreindre les coûts. On constate aujourd'hui ses efforts pour mettre sous terre les câbles d'alimentation électrique : c'est la leçon tirée du désastre des 26 et 27 décembre 1999. Cette longue tornade qui a déferlé sur la France nous a donc révélé l'inadéquation aux situations extrêmes de technologies que l'on croyait pourtant très avancées.

Une occasion d'évaluer la force de la solidarité

Solidarité est bien le terme qu'il convient d'employer pour décrire les efforts physiques et financiers qui ont été déployés pour secourir les personnes, voire les régions, victimes de cette terrible tempête.

On ne peut prétendre faire une liste exhaustive de tous ceux qui méritent d'être inscrits dans ce palmarès de dévouement et de générosité, mais on peut évoquer quelques conduites significatives. Ainsi, le personnel d'EDF a travaillé nuit et jour jusqu'au rétablissement du courant pour tous ; le même élan a conduit l'action des personnels de l'équipement chargés de dégager les routes. De même, presque 2 000 soldats sont intervenus et l'un d'entre eux y a laissé la vie. Les journaux télévisés ont souvent évoqué la générosité de tel ou tel individu qui, propriétaire d'un groupe électrogène, le mettait à la disposition des sinistrés. Le désastre qui a touché le parc du château de Versailles a mobilisé beaucoup de riches étrangers, surtout américains, qui se sont empressés d'envoyer de l'argent et des plants d'arbres pour reconstituer le décor de la demeure royale.

On pourrait en tirer la leçon que les grandes catastrophes donnent à découvrir le meilleur des collectivités humaines.

Les tentations de l'individualisme

L'émotion collective qui se manifeste autour des grands désastres laisse peu de place à l'individualisme et exerce contre lui une pression dissuasive.

Cependant, des formes criminelles de l'individualisme, à savoir le vol et l'escroquerie, accompagnent souvent les catastrophes.

En effet, il est des individus qui profitent de l'absence forcée des occupants pour piller les logis délaissés pour des raisons de sécurité. Ce risque de pillage rend souvent très difficiles les ordres d'évacuation et fait assumer des périls inutiles à des personnes trop attachées à leurs biens. Les compagnies d'assurances, quant à elles, surveillent une autre forme de l'individualisme qu'encouragent les grands désastres : celui qui consiste à majorer le sinistre subi et à y rattacher toute une série de préjudices fictifs. Cette escroquerie improvisée ne tient pas compte de la règle de mutualité qui prévaut dans l'établissement des cotisations d'assurances. De tels comportements sont très contrôlés et sévèrement réprimés.

SUJET 2 Lorraine I

« La collectivité a beau protéger les vieux, elle n'empêche pas ceux-ci de voir se restreindre leurs liens avec l'environnement, et même de tomber dans la solitude la plus redoutable ».

Analysez cette réflexion d'un sociologue et proposez des remédiations concrètes à la solitude des personnes âgées.

CORRIGÉ

Les rubriques des faits divers, dans les journaux, mentionnent parfois la découverte tardive du corps d'une personne âgée, décédée à son domicile sans la moindre alerte. La canicule de l'été 2003 a donné une ampleur tragique à ce type de circonstance. La solitude des vieillards est en effet un problème spécifique des grandes villes où tout facilite l'anonymat ; toutefois le développement de l'aide à domicile et la présence d'auxiliaires de vie auprès de nombreux vieillards peut et doit corriger l'effet néfaste du milieu urbain.

Les raisons de la désocialisation des personnes âgées

C'est bien sûr avant tout la mort qui fait le vide autour des personnes âgées : peu à peu on voit partir conjoint, frères et sœurs, amis. Les contacts humains se limitent alors parfois aux voisins de palier et aux commerçants du quartier. Or, le style de vie urbain réduit généralement ces relations de voisinage à quelques formules de politesse, au hasard des rencontres.

Autre facteur de solitude et de désocialisation : les effets de l'âge que sont la moins grande mobilité et souvent la surdité. L'agitation urbaine, les transports en commun ne sont pas rassurants pour des personnes très âgées et fragiles ; c'est ainsi qu'elles peuvent perdre l'envie de sortir de chez elles et se coupent chaque jour davantage du monde environnant. Les difficultés auditives aggravent la rupture en appauvrissant les moyens de contact et d'ouverture que représentent le téléphone, la radio et la télévision. Et quand à ces encouragements au repli s'ajoutent des revenus trop faibles pour disposer des divers appareillages qui réduisent les handicaps de la vieillesse, l'isolement devient une fatalité difficilement contournable.

Les remédiations mises en place

Notre société est organisée pour apporter assistance et réconfort aux vieillards affaiblis et esseulés. On développe de plus en plus l'aide à domicile, et la prise en charge financière peut être très importante et correspondre à une prise en charge d'invalidité. Mais ce déploiement de solidarité se fait à la demande du bénéficiaire ou de ses proches ; or la personne âgée qui s'est enfermée dans sa solitude souvent ignore ses droits ou ne sait pas à qui s'adresser pour en bénéficier. L'aide à domicile peut intervenir par le détour d'un acte médical : les médecins généralistes, les infirmières informent souvent leurs patients sur les services sociaux susceptibles de leur faciliter la vie.

Quand la solitude n'est pas associée à l'invalidité, elle peut trouver remède dans les activités de loisirs que gèrent beaucoup de municipalités pour les personnes âgées. Il convient, pour les organisateurs, de les diversifier le plus possible ; il faut aussi les promouvoir par voie postale et offrir aux participants des facilités de transport qui leur évitent fatigue de trajet et peur des mauvaises rencontres.

Les maisons de retraite sont censées remédier à toutes les vicissitudes de la solitude des vieillards ; elles assurent hébergement, divertissement et soins. Toutefois ce triple contrat est inégalement tenu, et cela peut aussi bien venir de l'établissement et de son personnel que du pensionnaire lui-même ; certains vieillards n'acceptent pas de quitter leur logis et contestent leur placement en maison de retraite en s'enfermant dans le plus profond mutisme et même parfois en se laissant mourir.

Les remédiations par la prévention

Prévenir la solitude de la vieillesse est possible individuellement et socialement. Individuellement signifie que l'on n'attend pas le grand âge pour s'en prémunir, en choisissant par exemple l'éventuelle maison de retraite dont on peut avoir besoin. Par ailleurs, il est bon de penser à se créer un environnement facilitant le quotidien d'un vieillard et lui permettant de rester indépendant le plus longtemps possible. Il s'agit quelquefois de décider assez tôt de se rapprocher du domicile de ses enfants ou de proches plus jeunes que soi.

Socialement, on peut aussi instaurer une sorte de prévention de la solitude des vieillards. Les associations dites *du troisième âge* existent partout et créent des réseaux de relations pour les nouveaux retraités qui se trouvent tout d'un coup privés du réseau des relations professionnelles ; pour un veuvage récent, ces associations représentent aussi un moyen d'atténuer la solitude. Mais la façon la plus authentique de créer du lien social pour les personnes âgées est de les rendre acteurs. Quelques maisons de retraite privilégient ce principe en assurant l'accueil et la garderie pour de jeunes enfants : une relation de tendresse stimulante et sans préjugés s'instaure souvent facilement avec les personnes âgées. Le soutien scolaire dispensé par des retraités de bon niveau, souvent anciens enseignants, devient de plus en plus un recours nécessaire et fort apprécié. Par cette médiation, vieillesse et utilité sociale se trouvent associées : pour les personnes âgées, il s'agit d'un réconfort ; pour les jeunes, d'une bonne leçon de vie.

Conclusion

Si l'on n'y prenait garde, la vie moderne exclurait vite les personnes du troisième et quatrième âges dans un ghetto de solitude. Mais depuis un demi-siècle, le monde politique ne laisse pas dans l'oubli social la question de la vieillesse, et l'on voit se mettre en place des moyens d'intendance pour le grand âge de plus en plus performants et prévenants. Cette assistance matérielle doit cependant trouver le renfort de la préservation de liens sociaux pour réduire le risque de solitude attaché au grand âge.

SUJET 3 Lorraine II

« *Sida : pas de répit* ! » Ainsi titrait *L'Alsace* du 25 novembre 1998. Faites une analyse des différents aspects de cette maladie (modes de transmission, prévention, traitement...) justifiant ce titre alarmiste.

CORRIGÉ

Depuis le début de l'épidémie du sida, on compte 30 millions de morts. Ce décompte est d'autant plus terrible que sa progression rapide est certaine, faute de vaccin, faute de soins pour les pays pauvres, et faute aussi de précautions suffisantes pour les pays développés. On ne peut encore aujourd'hui parler du sida qu'en termes alarmistes. On a là une épidémie dont on connaît l'origine et les modes d'extension, mais que l'on soigne difficilement et avec parcimonie : la trithérapie, par son coût, reste réservée aux malades des pays riches.

Un mal de mieux en mieux connu dans ses modes de transmission

Le sida ou syndrome immunodéficitaire acquis est une infection due au VIH (virus de l'immunodéficience humaine). Il provoque, après une phase de latence variable selon les individus (de 10 ans en moyenne), l'effondrement du système immunitaire.

À l'apparition de cette maladie, autour de 1980, le monde médical en a d'abord fait une maladie liée à l'homosexualité ; on a ensuite très vite constaté que la maladie frappait aussi les hétérosexuels et tout particulièrement les toxicomanes. Le contrôle de la séropositivité des femmes toxicomanes enceintes a ensuite amené à envisager les risques de contamination pour le fœtus, risques malheureusement confirmés pour 20 % des cas. Le drame des hémophiles frappés par le sida a fait évaluer aussi le rôle des produits sanguins transfusés dans le développement de la séropositivité. C'est ainsi qu'à partir de 1990 on a pu présenter clairement les trois voies de transmission du sida : voie sexuelle, voie sanguine, voie materno-fœtale.

Une prévention qui reste précaire

La prévention s'est faite par l'intermédiaire du corps médical et des médias, et a constitué un thème de société dominant dans les dix dernières années du XXe siècle. Des distributeurs de préservatifs ont été installés dans les espaces publics les plus fréquentés ; des campagnes de publicité et de presse ainsi que des émissions de télévision, avec des plateaux humanitaires et scientifiques très rassembleurs, ont pris en charge l'éducation du public, et tout particulièrement celle des jeunes. Toutes sortes de conseils ont été donnés : utilisation du préservatif, pas d'échange de seringue entre drogués, des gants de plastique pour tous ceux qui prennent en charge des blessés, auto-transfusion pour les futurs opérés. Mais, comme cela se produit avec les écoliers, le grand public a fini par ne plus écouter ces conseils pourtant réitérés. En décembre 2000, un responsable d'association de lutte contre le sida a souligné cette indifférence en disant « le sida n'est plus à la mode ». Ainsi ont été relancées des campagnes publicitaires recommandant l'utilisation du préservatif.

La prévention dans les pays en développement ne dispose pas des moyens d'information et d'éducation des pays développés. ONUSIDA a été créé en 1995 pour coordonner les efforts des différentes institutions et en particulier de l'OMS (Organisation mondiale de la santé) et pour développer la recherche et l'information sur la maladie. Sur les 30 millions de personnes infectées par le virus du sida dans le monde, 70 % se trouvent en Afrique, et chaque jour, 16 000 personnes à travers le monde sont infectées.

Ainsi, indifférence ou sous-développement viennent affaiblir l'efficacité des moyens de prévention.

Des traitements efficaces mais éprouvants et chers

Dans les pays riches, on utilise pour lutter contre le sida un traitement dont le succès a, selon l'avis des experts, contribué à véhiculer l'idée fausse d'une possible guérison, et ainsi affaibli le souci de prévention. La trithérapie, aux États-Unis et en Europe, a fait diminuer en deux ans de près de moitié la mortalité due au sida. Associant la prise de deux médicaments antiviraux à un inhibiteur de protéase qui bloque l'assemblage des protéines virales, elle représente une véritable révolution thérapeutique. Mais ce traitement, très onéreux, ne peut être proposé qu'à 15 ou 20 % des malades ; de plus, il n'est pas toujours bien toléré et impose des protocoles de prises de remèdes très contraignants.

Par ailleurs ces médicaments de pointe sont inaccessibles pour la quasi totalité des personnes infectées qui vivent dans les pays en développement ; l'Afrique du Sud, très atteinte par l'épidémie, a revendiqué la baisse du prix de ces médicaments et a alerté l'opinion mondiale sur les 23 millions de personnes contaminées et restant sans soins dans l'Afrique subsaharienne.

Conclusion

Le grand espoir qui accompagne les efforts de lutte contre le sida est celui d'un vaccin. Il s'agit en effet d'arrêter une terrible épidémie, qui constitue un désastre démographique pour l'Afrique, dont les populations jeunes et actives sont les plus touchées, et qui voit ainsi croître en des proportions inquiétantes le nombre des orphelins. Le sida est la 4e cause de mortalité dans le monde, et la première en Afrique.

SUJET 4 Lorraine III

Le tabac est-il une nuisance pour l'homme ?
Justifiez et développez votre réponse à travers un plan structuré.

CORRIGÉ

L'Organisation mondiale de la santé a fait de la lutte contre le tabagisme l'une de ses priorités. Il est en effet responsable d'une importante diminution de la durée de vie. Chaque année, dans le monde, le tabac tue 4 millions de personnes.

La réglementation antitabac dans les pays développés

C'est la lutte contre le cancer qui, dans les pays développés, a conduit les gouvernements à considérer le tabagisme comme une nuisance majeure pour les fumeurs et les non-fumeurs. Le lien que la recherche médicale a établi entre le tabagisme actif ou passif et le développement de différents types de cancer a servi de fondement à la législation antitabac dont se sont dotés tous les pays développés. L'interdiction de fumer dans les locaux ou moyens de transport affectés à un usage collectif s'est établie avec force ; les cafés et les restaurants, ainsi que les trains, ont dû privilégier les espaces non-fumeurs ; les taxis ont le droit d'inviter par affichettes leurs clients à s'abstenir de fumer ; on ne fume plus dans les couloirs du métro, et les grandes compagnies aériennes, pour tous les vols de moins de 6 heures, rappellent avec fermeté, avant le décollage, l'interdiction de fumer à bord. La publicité du tabac est frappée dans les pays développés d'une interdiction quasi absolue. En France, ce sont les lois Veil (1976) et Évin (1991), renforcées par les mesures anti-tabac mises en place en 2003, qui ont instauré les limitations et les sanctions attachées à la consommation du tabac. Le 27 février 2005 a valeur de date historique dans l'histoire de la santé mondiale : c'est en effet l'entrée en vigueur de la convention cadre pour la lutte anti-tabac (CCLAT) de l'Organisation mondiale de la santé (OMS). En France, le décret du 15 novembre 2006, applicable au 1er février 2007, a interdit le tabac dans tous les lieux fermés et couverts qui accueillent le public.

Tout dans la vie collective moderne s'est organisé pour exclure le fumeur et lui faire comprendre qu'il nuit aux autres et à lui-même.

Des statistiques alarmantes

Le tabagisme est en effet un véritable fléau. Le tabac non seulement est cancérigène mais aussi perturbe la circulation sanguine, entraînant ainsi des cardiopathies lourdes et souvent fatales. En France, on a recensé 60 000 morts prématurées chaque année imputables directement au tabac ; et si le tabagisme se poursuit au rythme actuel, la mortalité impliquant le tabac pourrait s'élever en France, vers 2015, à 160 000 décès.

Aux risques cancéreux et cardio-vasculaires, il faut ajouter les risques attachés à la grossesse. Selon une étude suédoise, le tabagisme est responsable de 11 % des morts tardives du fœtus et de 5 % des morts néo-natales précoces. On recommande donc de plus en plus aux femmes enceintes de ne pas fumer ; on informe aussi avec insistance les parents de jeunes enfants sur le risque d'infections respiratoires et d'otites que développe un environnement de fumeurs.

Des études ont montré également l'incidence du tabagisme dans les accidents du travail et les accidents de la route. Ainsi, depuis janvier 1993, les automobilistes britanniques de moins de 30 ans obtiennent une diminution de 12 % de leur prime d'assurance s'ils attestent par écrit qu'ils ne fument pas.

Il est bien établi maintenant que le tabagisme raccourcit la vie de 15 à 20 ans et que plus il est précoce, plus il est dangereux.

Les enjeux économiques

Le combat contre le tabagisme est de nature humanitaire, mais aussi économique. La résistance des fabricants de cigarettes relève d'une détermination résolue à assurer l'accroissement de leurs profits. Les nuisances du tabagisme sont d'autant plus difficiles à réduire qu'elles s'inscrivent dans le cadre d'une activité économique très ancienne et très lucrative où producteurs et fiscalité des États font de considérables profits. Dans les pays développés, le tabac étant lourdement taxé, les cigarettes sont de plus en plus chères. Or, comme la consommation reste très importante, les profits pour les États et pour les fabricants évoluent à la hausse. Au regard de ces profits fiscaux et commerciaux, les journées mondiales sans tabac, organisées par l'OMS, paraissent quelque peu dérisoires.

SUJET 5 Lorraine IV

L'alcool est considéré aujourd'hui en France, par les responsables de la Santé, comme une drogue dure.

1. Que veut dire cette expression ? Expliquez-la en développant les diverses conséquences de l'alcool, sur la santé, la famille et la société.

2. Quelles autres drogues « dures » connaissez-vous ?

CORRIGÉ

Sans employer l'expression « drogue dure », beaucoup d'esprits éclairés ont montré, depuis un siècle, les effets désastreux de l'alcoolisme. Romancier de la seconde moitié du XIXe siècle, Émile Zola, a fait, à travers son roman *L'Assommoir*, une analyse sans complaisance de toutes les conséquences de l'alcool sur la santé, la famille et la société. L'alcoolisme reste aujourd'hui encore, en France, une plaie sociale ; mais cette plaie devient de plus en plus difficile à soigner en raison d'un environnement de plus en plus marqué par la toxicomanie.

Le bilan chiffré du désastre de santé

L'alcoolisme, en raison de ses répercussions graves sur tous les organes du corps, mobilise 33 % du budget de la Sécurité sociale. Les alcooliques occupent 45 % des lits de médecine générale dans les hôpitaux et sont responsables de 20 % des accidents du travail et de 30 % des accidents de la route. Ces chiffres expriment deux évidences : la France compte un grand nombre d'alcooliques, et l'alcool les fragilise. On dénombre en effet quelque 4 millions de buveurs excessifs, et l'on peut dire que chaque année l'alcool tue 45 000 personnes. Numériquement, l'alcool fait donc plus de mal en matière de santé que des drogues dures comme l'héroïne ou le crack.

« Les parents boivent, les enfants trinquent »

Tout autant que les médecins, les assistantes sociales et la police doivent œuvrer pour gérer les désastres sociaux attachés à l'alcoolisme. Le vieux slogan des ligues antialcooliques, « *Les parents boivent, les enfants trinquent* », a bien résumé la déconstruction de la vie familiale qu'opère l'alcoolisme. Toute une criminalité familiale lui est liée : coups et blessures, incestes, viols. Bien des ouvrages autobiographiques mettent en évidence ce lien terrible entre l'alcoolisme et un univers familial infernal pour de jeunes enfants, témoins et victimes de débordements criminels. L'alcool, comme les drogues dures, est criminogène.

Une drogue dure parmi d'autres

S'il n'est pas encore habituel de classer l'alcool parmi les drogues dures, c'est que la France a des traditions sociales et alimentaires qui valorisent les boissons alcoolisées comme les accessoires indispensables de la convivialité et de la bonne gastronomie. L'alcoolisme mondain exprime ce penchant des Français à innocenter l'alcool et à l'associer à un art de vivre.

Mais les gouvernants ont depuis fort longtemps essayé de réduire la consommation d'alcool et d'imposer des lois répressives contre ce fléau. Le contrôle par alcootest des automobilistes est établi depuis 1954 et peut s'exercer à titre préventif ; la conduite sous l'emprise de l'alcool est délictuelle dès le taux de 0,5 g/L. La loi Évin du 10 janvier 1991 a imposé la mise en garde contre l'abus d'alcool pour toutes les publicités de boissons alcoolisées. Juridiquement, peu à peu, l'alcool est entré dans la liste des substances interdites.

Il faut noter que si la consommation moyenne par habitant est en baisse constante, la consommation chez les jeunes évolue à la hausse et se trouve associée trop souvent à une toxicomanie grave : bien des jeunes souffrent d'une dépendance à l'alcool aggravée d'une dépendance à une drogue dure comme l'héroïne ou le crack. Le choix des drogues dures d'ailleurs va s'élargissant, et on voit se multiplier des compositions de stupéfiants aux effets effroyables, constituées à partir de médicaments détournés de leur usage normal : d'après les médecins qui encadrent les *rave parties*, 75 % des cachets qu'ils analysent contiennent des produits divers, allant jusqu'aux anesthésiques vétérinaires. Tout en sachant que le LSD 25 produit des hallucinations graves et que l'*ecstasy* peut quelquefois tuer ou rendre fou, on ne classe pas ces produits comme étant des drogues dures, car ils suscitent des cas d'overdose rarement fatals.

Conclusion

On établit bien des points de ressemblance entre l'alcoolisme et la toxicomanie de drogues dures : dégradation de la santé, réduction de l'espérance de vie, marginalisation, menace pour l'ordre public et la sécurité routière. Dans les deux cas, le mal vient de la dépendance au produit incriminé, et de ses effets physiques et psychiques.

SUJET 6 Lorraine V

« Chacun contribue à la pollution de l'environnement ».
Que répondez-vous à cette affirmation ? (en développant les différentes formes de pollution dont nous sommes chaque jour responsables)

CORRIGÉ

La pollution est devenue l'un des grands problèmes de nos sociétés, et c'est pourquoi les gouvernements français ont, depuis 1971, un ministère ou un secrétariat d'État de l'Environnement. Or, parmi les déclarations faites sur le thème de l'environnement, il en est beaucoup qui sont des mises en cause du comportement des individus dans l'extension de la pollution ; les municipalités publient et placardent de nombreux rappels à l'ordre qui s'adressent au « citoyen pollueur ». Il convient donc d'instruire ce procès fait à tout un chacun, en évaluant la part des responsabilités individuelles et des responsabilités collectives dans la pollution de l'environnement.

Les comportements individuels qui contribuent à détériorer l'environnement

Les pollutions domestique et automobile, dont chacun d'entre nous est responsable, ont des effets de nuisance bien recensés et analysés, mais les moyens de remédier à leurs effets sont difficiles à connaître et à appliquer quotidiennement. Le progrès par la consommation, valeur dominante dans les sociétés avancées, dicte à chacun des comportements qui amplifient la pollution de l'atmosphère. Ainsi, les aérosols, qui constituent l'artillerie moderne des ménagères, détruisent, estime-t-on, la couche d'ozone de la stratosphère. Le tabagisme constitue aussi un élément de pollution vivement dénoncé.

Par ailleurs, on jette sans souci de récupération. Les ordures ménagères représentent dans les grandes villes françaises plus de 1 kg par personne et par jour ; elles imposent soit d'immenses décharges à ciel ouvert qui polluent la nature et défigurent le paysage, soit des usines d'incinération des déchets dont la combustion peut libérer des substances toxiques comme les dioxines. Or les nourrissons sont les premiers exposés car les dioxines se retrouvent en quantité significative dans le lait des vaches qui paissent à proximité des centres d'incinération.

La pollution automobile, quant à elle, suit la croissance de la circulation routière et constitue la principale source de pollution atmosphérique urbaine : les pics de pollution de l'air, en région parisienne, sont toujours suivis d'une augmentation des consultations et hospitalisations pour troubles respiratoires.

Chacun de nous contribue aussi, par ses habitudes de vie, à polluer l'eau : nos produits de nettoyage, dont l'évacuation se fait par les canalisations d'égouts, sont pour la plupart très toxiques, et exigent des efforts d'épuration très coûteux et pas toujours concluants. Par ailleurs, nous utilisons l'eau sans retenue ni mesure, et la gaspillons ; c'est pourquoi, lors des grandes sécheresses estivales, des arrêtés municipaux interdisent l'arrosage des pelouses et le remplissage des piscines.

Ce sont donc les gaspillages qu'autorise un niveau de vie élevé qui déclenchent les effets polluants des modes d'existence individuelle.

Industries et agricultures polluantes

Cependant, les plus grandes catastrophes que la pollution a fait subir à l'environnement mettent en cause non les individus mais l'industrie et l'agriculture. La dioxine de Seveso, en Italie, le nuage nucléaire de Tchernobyl, en Ukraine, le méthylisocyanate de Bhopal, en Inde, et plus récemment Fukushima au Japon, attestent des grands périls où les industries chimiques et nucléaires plongent les populations et l'environnement. L'industrie provoque la contamination des sols par voie atmosphérique, l'agriculture par infiltration d'engrais insecticides et pesticides. Ainsi, la catastrophe de la mer d'Aral, l'un des plus vastes lacs d'eau douce du monde (60 000 km^2), asséché par la dérivation des eaux de l'Amou-Daria et du Syr-Daria pour irriguer les cultures de coton en Ouzbékistan, représente une dégradation écologique majeure imputable à l'agriculture intensive. Dans le domaine de l'élevage, on a pu aussi constater le coût écologique de la recherche inconditionnelle de productivité ; en substituant aux fourrages des farines de viande de moutons atteints de la maladie de « la tremblante », on a provoqué pour le cheptel bovin le désastre de l'encéphalopathie spongiforme (vache folle), et, pour les hommes, la maladie de Creutzfeldt-Jakob.

La difficile défense de l'environnement

Très menacé, l'environnement est sous haute surveillance. L'ONU, les instances européennes, les gouvernements, légifèrent pour pénaliser et neutraliser les pollueurs, pour encourager les recyclages et prévenir les risques. Mais l'effet de serre et le réchauffement annoncé de la planète, grand péril attendu pour la fin du XXIe siècle, n'ont trouvé dans cet effort collectif que de faibles solutions. À Kyoto, en décembre 1997, le Groupement intergouvernemental sur l'évolution du climat s'est mis d'accord sur l'établissement pour chaque pays d'un protocole de réduction chiffrée des gaz à effet de serre. Mais la participation à cette réduction des pays en voie de développement a été contestée. En fait, en matière de défense de l'environnement, si les prises de conscience des états semblent authentiques, la mise en application des résolutions prises demeure difficile : elle suppose l'éducation de tous les agents économiques qui doivent renoncer à prendre les courts chemins du confort et du profit.

Conclusion

Les individus sont encore peu éduqués en matière de protection de l'environnement et se laissent plutôt dicter leur conduite par l'encouragement au gaspillage qu'a entretenu la société de consommation. Mais le développement des sciences de l'environnement et quelques grandes catastrophes écologiques ont éveillé les consciences de façon à susciter de nouveaux comportements : on voit se dessiner peu à peu le profil du terrien éclairé.

SUJET 7 Pays de la Loire

Épreuve collective : le groupe va devoir, par une discussion, traiter les informations contenues dans l'article que nous mettons à disposition. Les candidats sélectionnent en les commentant, les informations qu'ils jugeront les plus représentatives et les plus significatives, pour écrire collectivement une réduction de ce texte comprise entre 40 et 50 mots (y compris les articles, les prépositions...).

Nous demandons de ne pas former de sous-groupes.

JUSQU'AU BOUT, UN VIVANT

Le récent avis du Comité national d'éthique, concernant la fin de la vie et l'euthanasie, a attiré de nouveau l'attention sur la nécessité de soins palliatifs. Aujourd'hui, des dizaines d'associations sont nées en France pour sensibiliser le public et l'aider à prendre conscience de la nécessité d'accompagner les personnes en fin de vie.

La plupart du temps, chacun voudrait faire de son mieux, mais, souvent, on se trouve dépassé par l'événement qui atteint un être cher. Parfois, les circonstances et les soins indispensables font que les proches se trouvent éloignés, écartés d'une personne en détresse. Certes, il faut soigner le corps, mais aussi répondre à l'attente affective. Comment faire ?

C'est alors que les « associations d'accompagnement et de soins palliatifs » peuvent apporter pleinement leur aide. Leur efficacité est grande car grande est leur expérience à travers des milliers d'adhérents, des centaines de bénévoles qui accompagnent des personnes en fin de vie dans les hôpitaux ou aux domiciles. Ces associations assurent aussi la formation nécessaire et beaucoup d'entre elles organisent des lieux d'écoute pour les familles en deuil ou en difficulté. C'est à tout cela que se consacre l'association Jalmalv, *Jusqu'à la mort accompagner la vie*[1] qui tient ses journées nationales, aujourd'hui et demain, à La Roche-sur-Yon. Elle œuvre dans pratiquement tous les départements français pour que le malade, avec ses proches, ait la possibilité de vivre pleinement sa vie jusqu'au bout, sans avoir ni à en hâter la fin, ni à la prolonger par des thérapeutiques acharnées.

... avec ses droits, ses besoins, ses désirs

Lors de ce congrès, il sera donc de nouveau question de l'euthanasie, considérée comme une « réponse non pertinente à la demande parfois formulée par les malades de mettre fin à leurs jours ». Il sera aussi question de l'acharnement thérapeutique et l'on rappellera l'article 37 du Code de déontologie médicale : en toutes circonstances, le médecin doit s'efforcer de soulager les souffrances de son malade, l'assister moralement et « éviter toute obstination déraisonnable dans les investigations ou la thérapeutique ». ▶

1. Fédération Jalmalv, 132, rue du Faubourg-Saint-Denis, 75010 Paris. Tél. 01 40 35 17 42

▶ La souffrance est au cœur du problème. On sait que, aujourd'hui, elle peut être beaucoup mieux combattue que par le passé. Cette souffrance est aussi psychologique car, dit le professeur René Scharrer, président de la fédération Jalmalv, *« la société contemporaine jette souvent sur la personne en fin de vie, malade ou atteinte par le grand âge, un regard qui la dévalorise, l'isole, qui aggrave sa souffrance, fait naître en elle un sentiment d'indignité. Cette attitude, ce regard et le discours qui les accompagne conduisent au désespoir et à l'exclusion »*... Or, la personne confrontée à la mort doit et peut être considérée comme un vivant jusqu'à son dernier souffle avec ses droits, ses besoins, ses désirs.

François Régis Hutin, éditorial, *Ouest-France*, 18-19 mars 2000.

CORRIGÉ

Idées principales

Cet article s'attache à présenter et mettre en valeur l'accompagnement des personnes en fin de vie, c'est-à-dire la thérapie des « soins palliatifs ». Ce sujet est développé autour de quatre idées principales :

- les soins palliatifs sont une aide collective nécessaire ;
- leur efficacité tient à la compétence des associations qui s'en chargent ;
- ils représentent un mode d'accompagnement de la souffrance préférable à l'euthanasie ou à l'acharnement thérapeutique ;
- ils sont un contrepoint indispensable au regard dévalorisant dont la société moderne entoure la fin de vie et le grand âge.

Genre et ton du texte

Un éditorial sur un sujet d'actualité

Un éditorial se définit comme un écrit de premier plan sur un sujet d'actualité de la plus haute importance ; il est toujours signé par l'un des journalistes les plus éminents du comité de rédaction.

L'éditorial qu'il s'agit de commenter ici répond bien à cette définition : il est signé par le directeur de la publication et s'attache à un problème qu'on voit souvent abordé dans la presse écrite et audiovisuelle. En effet, le thème des soins palliatifs s'impose en association avec les grandes préoccupations médicales de notre époque, les maladies incurables que sont certaines évolutions du cancer ou du sida, et l'arrivée d'un nombre croissant de personnes au grand âge.

Un plaidoyer pour le respect du dernier temps de vie

L'éditorialiste plaide la cause de tous ceux qui sont au terme de leur existence par les effets de la maladie ou de l'âge. Ces lignes s'attachent à souligner le devoir des associations compétentes à l'égard des grands malades et de leur entourage.

Par un jeu graphique et un jeu de répétitions, l'éditorial nous livre le slogan qu'il défend et qui inspire tous ceux qui se consacrent aux soins palliatifs : « jusqu'au bout un vivant avec ses droits, ses besoins, ses désirs ». Ainsi le lecteur retient l'idée que la traditionnelle expression, « accompagner un mourant » doit se reformuler en « accompagner un vivant ».

Proposition de résumé

La nécessité des soins palliatifs est une évidence qu'il faut inculquer en montrant l'efficacité des associations qui s'en chargent et stigmatisent publiquement l'euthanasie et l'acharnement thérapeutique. À la société d'inverser sa conduite et de respecter la vie des personnes vivant leurs derniers instants.

(43 mots)

471592-I-(5)-OSB100

ELSEVIER MASSON S.A.S.
62, rue Camille Desmoulins
92442 Issy-les-Moulineaux cedex
Dépôt légal : septembre 2011

Normandie Roto Impression s.a.s.
61250 Lonrai
Numéro d'impression : 113277

Imprimé en France